中国大连高级经理学院学术著作出版资助项目

打造国有经济"四类企业"的探索与实践

张 欣 马大明 | 著

知识产权出版社
全国百佳图书出版单位
—北京—

图书在版编目（CIP）数据

打造国有经济"四类企业"的探索与实践/张欣，马大明著.—北京：知识产权出版社，2024.9.—ISBN 978-7-5130-9535-8

Ⅰ.F121.21

中国国家版本馆CIP数据核字第2024UF5130号

本书为2022年度辽宁省社会科学规划基金一般项目"辽宁省完善以管资本为主的国资监管体制重点任务研究"（L22BGL049）的阶段性成果。

责任编辑：杨　易　　　　　　责任校对：王　岩
封面设计：商　宓　　　　　　责任印制：孙婷婷

打造国有经济"四类企业"的探索与实践

张　欣　马大明　著

出版发行：知识产权出版社 有限责任公司	网　　址：http：//www.ipph.cn
社　　址：北京市海淀区气象路50号院	邮　　编：100081
责编电话：010-82000860转8789	责编邮箱：35589131@qq.com
发行电话：010-82000860转8101/8102	发行传真：010-82000893/82005070/82000270
印　　刷：北京九州迅驰传媒文化有限公司	经　　销：新华书店、各大网上书店及相关专业书店
开　　本：720mm×1000mm　1/16	印　　张：10
版　　次：2024年9月第1版	印　　次：2024年9月第1次印刷
字　　数：130千字	定　　价：59.00元
ISBN 978-7-5130-9535-8	

出版权专有　侵权必究

如有印装质量问题，本社负责调换。

PREFACE

前　言

党的二十大提出"深化国资国企改革,加快国有经济布局优化和结构调整,推动国有资本和国有企业做强做优做大,提升企业核心竞争力","完善中国特色现代企业制度,弘扬企业家精神,加快建设世界一流企业",这是以习近平同志为核心的党中央基于新时代新征程国资央企的使命任务作出的重大战略部署,为国资央企改革发展指明了方向和目标。国务院国资委党委深入学习贯彻习近平总书记关于发展国有经济的重要论述,深刻认识到国资央企在新时代要实现更大作为、发挥更大作用、作出更大贡献,必须以打造"四类企业"为抓手,即努力打造一批行业产业龙头企业、一批科技创新领军企业、一批"专精特新"冠军企业、一批基础保障骨干企业,使其真正成为主责主业突出、功能作用显著、有力支撑经济社会发展的国家队。本书在准确把握"四类企业"丰富内涵的基础上,深入剖析了国有资本投资、运营公司、产业集团公司打造"四类企业"的典型案例,以及通过重组整合打造"四类企业"的可行路径,并提出切实可行的政策建议。其中,第一章由马大明撰写,第二章至第六章由张欣撰写。

通过研究,我们得出以下结论:第一,习近平总书记对于大型企业特别是国有企业、中央企业如何发挥龙头带动、创新引领、基础保障等作用,作出过一系列重要论述。国务院国资委党委深入学习贯彻落实习近平总书记指示要求，提出打造"四类企业"的具体任务，对新时代国有经济布局优化和结构调整、加快建设世界一流企业具有重要意义。第二，打造"四类企业"对于国资央企在建设现代化产业体系、构建新发展格局中切实发挥好科技创新、产业控制、安全支撑作用具有重要意义。其中，行业产业龙头企业对本行业和相关行业、产业上下游产生强大带动作用；科技创新领军企业是国家创新战略的重要支撑；"专精特新"冠军企业在产业链的关键环节具有重大影响；基础保障骨干企业在国防军工、能源资源、粮食供应、战略性储备、骨干网络、枢纽型基础设施和新型基础设施等方面发挥基础保障作用。第三，国有资本投资、运营公司和产业集团公司都是管资本的重要平台、工具和载体，在打造"四类企业"上负有重任。第四，战略性重组和专业化整合是打造"四类企业"的有效路径，特别是央地重组整合，有助于加速资源整合，促进央地协同，依托资本纽带，有力支撑国家战略。

鉴于目前打造"四类企业"在理论研究、政策体系、体制机制等方面存在着问题与挑战，为更好推动相关工作，我们提出以下政策建议：一是建议国务院国资委出台相关指导意见，将中央指示精神落实到中央企业。主要包括：坚持党的领导，加强党的建设，凝聚起打造"四类企业"的磅礴伟力；协同各部委支持，形成政策合力；坚持系统观念，发挥各方能动性；加强资金保障，加大相关资金投入；扎实推动改革和发展，促进深度融合高效联动；推动监管优化，改革管控模式；坚持质量第一、效益优先，优化经营业绩考核实施方案；开展重大理论研究，推动实践发展；加强交流合作，积极推进学习培训；加强案例宣传，营造良好氛围等。二是选择适合的行业产业，拓宽龙头企业融资渠道，鼓励龙头企业产业链上的投资，围绕龙头企业打造产业集群，培育发扬企业家精神，协同提升企业国际竞争力，打造一批行业产业龙头企业。三是围绕国家战略需求，有效整合行业产业优势研发资源，构建灵活高效的协同研发体系，构建产业技术标准体系和专利池，营造企业科技创新友好环境，打造行业产业技术转化平台，大力加强企业品牌建设，打造一批科技创新领军企业。四是将工业基础作为突破点，开展核心科技研发，推进"科改示范行动"走深走实，积极参加行业产业联盟，加强知识产权工作体系建设，推动相关部门完善支持政策，打造一批"专精特新"冠军企业。五是确保国家经济安全，加快布局"新基建"，坚持绿色低碳发展，谨防金融债务风险，深入开展央地合作，打造一批基础保障骨干企业。

对于国资央企而言，打造"四类企业"既是重点任务，也是一项前沿研究。在此，我们衷心感谢成书过程中各位专家、学者提出的真知灼见。但同时也必须指出，囿于我们的理论素养和实践经验不足，书中难免存在不当之处。我们热忱地希望广大读者提出意见和建议，共同为国资央企高质量发展贡献力量。

作者
2024 年 8 月

CONTENTS

目　录

第一章　"四类企业"相关理论研究 …………………… 001

　第一节　习近平总书记关于打造"四类企业"的
　　　　　重要论述 ……………………………………… 001
　第二节　国内外相关文献综述 ……………………………… 005
　　一、世界一流企业 ……………………………………… 005
　　二、科技创新领军企业 ………………………………… 006
　　三、"专精特新"冠军企业 …………………………… 008
　第三节　"四类企业"的定义与特征 ……………………… 009
　　一、行业产业龙头企业 ………………………………… 009
　　二、科技创新领军企业 ………………………………… 010
　　三、"专精特新"冠军企业 …………………………… 011
　　四、基础保障骨干企业 ………………………………… 012

第二章　"四类企业"相关顶层设计 …………………… 014

　第一节　国务院国资委党委打造"四类企业"相关部署 … 014
　第二节　打造"四类企业"推动国有经济布局优化和
　　　　　结构调整 ……………………………………… 016

一、新时代国有经济布局优化和结构调整的总体要求 …… 016
二、以打造"四类企业"为抓手，向关系国家安全、
　　国民经济命脉的重要行业集中 …… 018
三、以打造"四类企业"为抓手，向关系国计民生的
　　重要行业集中 …… 019
四、以打造"四类企业"为抓手，向前瞻性战略性
　　新兴产业集中 …… 021

第三节　国资央企打造"四类企业"的重大责任 …… 023
一、打造"四类企业"是坚决贯彻落实党中央决策
　　部署的重要举措 …… 023
二、打造"四类企业"是国有企业地位作用和责任
　　使命的题中之义 …… 024
三、打造"四类企业"是当前国内国际严峻复杂
　　形势的迫切要求 …… 025

第四节　相关政策梳理 …… 026

第三章　国内外"四类企业"典型案例分析 …… 032

第一节　"行业产业龙头企业"典型案例分析 …… 032
一、苹果公司以商业生态系统赋能价值创造 …… 032
二、三菱商事致力构建全球经贸服务网络 …… 034
三、中交集团打造现代产业链链长 …… 037

第二节　"科技创新领军企业"典型案例分析 …… 041
一、美国太空探索技术公司与美国式科技举国体制 …… 041
二、洛克希德·马丁空间系统公司创新驱动成就
　　全球军工巨头 …… 043

三、中国中车集团有限公司的高铁自主创新之路 …… 046

第三节 "'专精特新'冠军企业"典型案例分析 …… 049
　一、荷兰阿斯麦公司从破产边缘到光刻巨人 …… 049
　二、瑞典滚珠轴承制造公司产业链与创新链深度融合 …… 051
　三、万华化学改革创新成就"涅槃重生" …… 053

第四节 "基础保障骨干企业"典型案例分析 …… 057
　一、房利美和房地美——美国房地产市场的稳定器 …… 057
　二、荷兰皇家壳牌石油公司——国家支持下的能源巨头 …… 059
　三、国家电网——推进电网建设保障国家能源电力安全 …… 061

第四章　打造"四类企业"的国资央企实践 …… 065

第一节　国有资本运营公司的实践探索 …… 065
　一、中国国新创新资本运营服务实体经济 …… 065
　二、中国诚通全面打造国资央企高质量发展"改革工具箱" …… 069

第二节　国有资本投资公司的实践探索 …… 073
　一、国投高新以基金投资培育发展新动能 …… 073
　二、中国宝武产融结合培育钢铁生态服务平台 …… 076

第三节　产业集团的实践探索 …… 079
　一、中国电科深化改革锻造创新尖兵 …… 079
　二、国家电网实施平台战略打造电动汽车产业新布局 …… 082
　三、中国移动先行先试聚合力开展5G创新 …… 085

第五章 重组整合助力打造"四类企业" 091

第一节 央地重组整合成为打造"四类企业"的
新模式 091
第二节 鞍本重组"六措并举"打造钢铁行业龙头 093
　一、重组之路，道阻且长 093
　二、央地合作，曙光初现 094
　三、优化股权，多元治理 095
　四、整合融合，一体推进 097
　五、管控运营，体系重构 101
　六、过往可鉴，未来可期 104
　七、经验与启示 105
第三节 中国交建开展海外并购打造全球领先基础设施
综合服务商 108
　一、敢问前路在何方 108
　二、柳暗花明又一村 109
　三、众里寻他千百度 111
　四、为伊消得人憔悴 112
　五、只愿君心似我心 114
　六、经验与启示 119
第四节 西南铝厂办大集体企业整合改革实现
转型发展 122
　一、厂办大集体问题的由来及改革进展 122
　二、西南铝厂办大集体整合改革的关键举措 123
　三、经验与启示 127

第六章 打造国有经济"四类企业"的问题挑战与政策建议 ……………………………………………… 132

第一节 打造国有经济"四类企业"面临的问题与挑战 … 132
第二节 政策支持的基本原则 ……………………………… 134
第三节 打造行业产业龙头企业的政策建议 …………… 137
第四节 打造科技创新领军企业的政策建议 …………… 139
第五节 打造"专精特新"冠军企业的政策建议 ………… 142
第六节 打造基础保障骨干企业的政策建议 …………… 144

参考文献 ………………………………………………………… 146

第一章

"四类企业"相关理论研究

加快建设世界一流企业是以习近平同志为核心的党中央作出的重大战略部署，打造"四类企业"是国务院国资委党委贯彻落实党中央决策部署的重要举措。我们要深入学习、坚决贯彻落实习近平总书记关于发展国有经济重要论述精神，同时借鉴吸收国内外专家学者的研究成果，夯实"四类企业"的理论根基。

第一节　习近平总书记关于打造"四类企业"的重要论述

习近平总书记关于国有企业改革发展和党的建设的重要论述是做强做优做大国有资本和国有企业的根本遵循。习近平总书记在党的十九大发出"培育具有全球竞争力的世界一流企业"的动员令，这是在新的历史起点上，以习近平同志为核心的党中央对国有企业改革作出的重大部署。党的十九届五中全会结合国际国内形势的新发展，进一步提出"加快建设世界一流企业"的新任务新要求。党的二十大再次强调这一任务，凸显了建设世界一流企业的重要性紧迫性。2023年2月26日，习近平总书记作出重要批示，要求切实发挥中央企业在建设现代化产业体系、构建新发展格局中的科技创新、产业控制、安全支撑"三个作用"。习近平总书记的重要论述为国有企业加快建设世界一流企指明了方向、明确了目标，也为打造"四类企业"提供了根本遵循。

习近平总书记很早就认识到龙头企业在产业发展中的带动作用。早在1996年5月，时任福建省委副书记的习近平同志到长汀调研时为发展农业产业化作出相关指示，提出大力扶持龙头企业。2013年12月，习近平总书记在中央农村工作会议上提出鼓励发展、大力扶持家庭农场、专业大户、农民合作社、产业化龙头企业等新型主体。2014年1月，他在内蒙古调研时又提出，帮助农牧民更多分享产业利润效益，真正同龙头企业等经营主体形成利益共同体。除农业产业外，习近平总书记还高度重视龙头企业在科技创新方面的带动作用。2018年7月，习近平总书记主持召开中央财经委员会第二次会议时指出，要推进产学研用一体化，支持龙头企业整合科研院所、高等院校力量，建立创新联合体，鼓励科研院所和科研人员进入企业，完善创新投入机制和科技金融政策。2021年5月，在中国科学院第二十次院士大会、中国工程院第十五次院士大会、中国科学技术协会第十次全国代表大会上，习近平总书记进一步提出"要发挥企业出题者作用，推进重点项目协同和研发活动一体化，加快构建龙头企业牵头、高校院所支撑、各创新主体相互协同的创新联合体，发展高效强大的共性技术供给体系，提高科技成果转移转化成效"。面对新冠病毒感染疫情冲击和复杂严峻的国内外经济形势，习近平总书记在一系列会议中明确提出龙头企业，特别是国有企业、中央企业要在稳定产业链供应链方面发挥带动作用：2020年2月，在中央政治局常委会会议上提出要加强同经贸伙伴的沟通协调，优先保障在全球供应链中有重要影响的龙头企业和关键环节恢复生产供应，维护全球供应链稳定；2020年5月，在参加第十三届全国人民代表大会第三次会议湖北代表团的审议时强调，要加快复工复产、复商复市，围绕重点产业链、龙头企业、重大投资项目精准施策，着力帮助解决产业链协同复工复产中的各种堵点、难点问题，帮助解决企业特别是中小微企业面临的实际困难，抓紧出台和落实各项刺激消费的措施，千方百计把疫情造成的损失降到最低；2020年7月，在企业家座谈会上进一步提出，"国有企业特别是中央企业要发挥龙头带动作用，带动上下游各类企业共渡难关"。

对于科技创新，习近平总书记特别注重发挥企业的创新主体作用。2013年8月，他在辽宁考察时就提出要抓住新一轮世界科技革命带来的战略机遇，发挥企业主体作用，支持和引导创新要素向企业集聚，不断增强企业创新动力、创新活力、创新实力。党的十九大进一步系统性提出"建立以企业为主体、市场为导向、产学研深度融合的技术创新体系，加强对中小企业创新的支持，促进科技成果转化"。党的二十大特别强调"强化企业科技创新主体地位，发挥科技型骨干企业引领支撑作用"，明确了强化企业科技创新主体地位的战略意义，深化了对创新发展规律的认识，完善了创新驱动发展战略体系布局。习近平总书记高度重视大企业在创新驱动中的引领带动作用，在2019年和2020年中央经济工作会议上分别提出发挥国有企业在技术创新中的积极作用、支持领军企业组建创新联合体。2021年1月，习近平总书记在省部级主要领导干部学习贯彻党的十九届五中全会精神专题研讨班上进一步提出，"中央企业等国有企业要勇挑重担、敢打头阵，勇当原创技术的'策源地'、现代产业链的'链长'。"对国有企业、中央企业提出了新的要求，赋予了新的使命。

与此同时，习近平总书记对于"专精特新"企业在构建创新体系中的作用也作出过相关论述。2019年8月，习近平总书记主持召开中央财经委员会第五次会议时提出，要发挥企业家精神和工匠精神，培育一批"专精特新"中小企业。2020年8月，习近平总书记在安徽考察时进一步指出，创新驱动发展，我们有主力军、集团军，有时候也要靠中小微企业的"一招鲜"，要支持中小微企业创新发展。2021年7月，在中共中央政治局会议上，习近平总书记再次强调，要强化科技创新和产业链供应链韧性，加强基础研究，推动应用研究，开展补链强链专项行动，加快解决"卡脖子"难题，发展专精特新中小企业。2021年10月，习近平总书记在中共中央政治局第三十四次集体学习时，从数字经济和实体经济融合发展的角度提出，推动互联网、大数据、人工智能同产业深度融合，加快培育一批"专精特新"企业和制造业单项冠军企业。党的二十大进一步明确提出"支持专精特新企业发展"，充分体现这一工作的重要性和紧迫性。

国有企业作为大国重器，在国防军工、能源资源、粮食供应、战略性储备，骨干网络、枢纽型基础设施和新型基础设施等方面理应发挥好基础保障作用。2015年5月，习近平总书记在浙江考察调研时专程来到岙山国家战略石油储备基地，对在场的工程技术和管理人员强调，石油战略储备对国家意义重大。舟山储备基地已经建成，前景很好，要发挥优势，继续开发建设，为国家石油储备打好基础。2019年3月，中央全面深化改革委员会第七次会议提出，推动石油天然气管网运营机制改革，要坚持深化市场化改革、扩大高水平开放，组建国有资本控股、投资主体多元化的石油天然气管网公司，推动形成上游油气资源多主体多渠道供应、中间统一管网高效集输、下游销售市场充分竞争的油气市场体系，提高油气资源配置效率，保障油气安全稳定供应。

对于如何发挥好国有资本投资、运营公司的作用，开展战略性重组和专业化整合打造"四类企业"，习近平总书记也作出过明确指示。2014年8月，习近平总书记在中央财经领导小组第七次会议上就提出，在国有企业改革中，要考虑组建国有资本运营公司或投资公司，设立国有资本风险投资基金，用于支持创新型企业包括小微企业。2016年4月，在网络安全和信息化工作座谈会上，习近平总书记对推动信息技术产业发展进一步要求，探索更加紧密的资本型协作机制，成立核心技术研发投资公司，发挥龙头企业优势，带动中小企业发展，既解决上游企业技术推广应用问题，也解决下游企业"缺芯少魂"问题。2022年12月，在中央经济工作会议上，习近平总书记进一步提出"发挥国有资本投资运营公司作用，以市场化方式推进国企整合重组，打造一批创新型国有企业"的明确指示。

第二节 国内外相关文献综述

一、世界一流企业

究竟什么样的企业可以被定义为"世界一流"呢？对于世界一流企业的最为简单的理解便是，这些企业是本行业甚至是其他行业企业的标杆，其管理方式、国际化方式、技术创新、产品和服务质量等，都是其他企业需要遵循的标准和学习的榜样。

有些学者基于企业追求的目标或者具有的某种特定属性来定义世界一流企业。例如，Drucker认为，企业最重要而且唯一的目的就是不断提供产品和服务来满足顾客，而一流企业就是那些深谙客户需求，并以满足消费者需求的方式来实现价值最大化的企业。作为竞争优势理论大师，Porter认为，一流的企业是具备全球竞争优势的企业，这些企业不断调整和优化内部价值链，不断提高国际市场竞争力，最终成长为一家卓越企业。Newman和Chen认为，作为世界级的一流企业通常具有如下特征：恰当的企业规模，能够向全球市场提供优质的产品和服务，推行全球化战略，与全球企业开展竞争，经营活动符合全球商业规范和标准，具备核心竞争力，等等。另外一些学者基于知名企业的发展实践来总结世界一流企业的特征。例如，Peters和Waterman通过对

IBM、通用电气、宝洁等世界知名企业的发展历史进行分析总结，将世界一流企业的特征概括为：积极行动，贴近消费者，重视自主创新，以人助产，价值驱动，专注核心业务，企业结构简单，宽严并济。Collis 通过梳理 20 多家世界知名企业的发展历程，认为世界一流企业之所以能够长期保持竞争力，其核心就在于企业的"价值理念"和"使命、愿景"为企业不断进行变革创新提供了源源不竭的动力。

国内学者张文魁认为，世界一流企业往往具有如下特征：强大的竞争力，较高的市场份额，追求价值最大化，重视企业对社会的贡献，具有品牌知名度和人才优势，良好的公司治理机制和较高的管理水平，以及独特的企业文化。周原冰认为具备如下 7 个要素的企业可以被称为世界一流企业：强大的战略管理能力，公司各业务部门之间的有机协调，企业整体优势的充分发挥，高效的资源配置能力，持续创新的动力和能力，风险的有效管控，以及深厚的企业文化。作为一个重要参考，《财富》杂志对世界"500 强"企业的评判标准包括：企业的创新能力，产品和服务的品质，企业的管理水平，企业承担的社会责任，对人才的吸引力，国际化战略的成效，等等。

总体来看，一家企业如果想要成为"世界一流"企业，必须在多个方面展现出卓越的能力和优势，绝不仅仅是企业的规模大、利润水平高就是世界一流企业。可见，培育世界一流企业的目标与我国经济高质量发展战略的要求是内在一致的，必须从对规模的追求走向对质量和效率的追求。

二、科技创新领军企业

科技创新领军企业这一概念源于创新型企业。自 1912 年熊彼特提出创新这一概念后，众多国内外学者从不同角度对创新型企业和科技创新领军企业的内涵和特征进行了研究。但对于到底什么样的企业属于创新型企业，哪些企业属于科技创新领军企业，目前仍没有统一的定义，主流的观点主要有4种：一是认为创新型企业就是那些能把创新精神制度化，进而创造出一种创新习惯的企业；二是认为创新型企业就是那些实施了产品创新且承担了相应风险的企业；三是认为创新型企业就是那些能把创新作为日常工作的一部分，通过创新不断更新、完善整个组织的企业；四是认为创新型企业就是那些可以通过创新改进业务流程、提供服务，并生产差别化产品的企业，创新型企业在盈利能力、市场份额、市值、成长率等方面都要优于竞争对手。

国内学者对创新型企业的界定则更多强调新价值的实现，具有代表性的有张良、胡凤雏、陈春明、汪永飞等。张良提出，创新型企业是指在技术变革的基础上，采用新技术进行新产品的生产，进而占据新市场、实现新增长的企业；胡凤雏等认为，技术创新型企业是指那些具有健全的创新机制，能持续地进行技术创新，并能取得具有显著成效的技术创新成果的企业；陈春明等认为，创新型企业是指那些以不断创新的文化、理念为指导，以技术的自主研发或引进、吸收、再创新等为手段，以创新活动为支撑，以创新成果的产业化为目标，通过不断创新获取核心竞争力，进而促进企业持续发展的新型企业；汪永飞等认为，创新型企业是指那些专门从事技术创新，或者主营业务是本企业拥有自主或完全知识产权的产业，具有持续创新能力，能通过持续的创新行为，应对市场经济所带来的挑战，得以持续生存和发展的企业。

在创新型企业概念研究的基础上，一些学者对创新型领军企业进行了研究。在实践中，创新型领军企业有时也被通称为创新型大企业、科技型龙头企业、战略性新兴产业领军企业、新兴产业领军企业、科技小巨人领军企业等。刘国岩等对创新型大企业的创新内涵和规模外延进行了研究，认为创新型大企业是以较大规模为基础,以技术创新为核心,以网络技术为支撑,以星云模式为边界拓展,具有较高的人员价值、资产和营业收入,生产经营规模大,主要产品的市场占有份额大,具有较大国际影响力,以外生的合作伙伴和企业联盟为外延,以部门和子企业为内核,利用创新中心将企业与政府、高校、研发机构有效连接起来的具有广泛战略联盟的大型群组织。赵金楼等依据大企业和创新的概念,对创新型大企业的概念内涵进行了进一步的界定,认为创新型大企业是以创新为核心、以规模为基础,对网络企业与传统企业的优点进行整合的基础上,依托庞大的资产和人力资源,进行大规模生产经营活动,占有较大的市场份额和较高营业收入的大型经济组织,其概念界定为创新型大企业构建了开放式创新模型,为创新体系的建立提供了新范式。

三、"专精特新"冠军企业

"专精特新"冠军企业又被称为"隐形冠军"企业,这一概念源于德国著名经济学和管理学家赫尔曼·西蒙教授的一本专著。该书中文版于2005年由经济日报出版社首次出版,中文书名为《隐形冠军:谁是全球最优秀的公司》,当时在中国并没有引起太大反响。随着"工业4.0"概念日渐流行,"德国制造"引起了国内的极大关注,"隐形冠军"一词很快流行开来。2015年,机械工业出版社重新出版了赫尔曼·西蒙的这本专著,书名改为《隐形冠军:未来全球化的先锋》。赫尔曼·西蒙认为,所谓隐形冠军的"隐形",是指这些企业几乎不为外界所关注;而"冠军"则是指这些企业主宰着各自所在的市场领域,占有很高的市场份额。隐形冠军往往有着独特的竞争策略,在某个细分市场进行着持久而专注的精耕细作。赫尔曼·西蒙进一步指出,经济全球化是人类社会发展的大趋势,势不可当。他把未来的人类社会称为"世界经济共同体",而隐形冠军则是人类社会走向世界经济共同体的先锋。基于这个认识，赫尔曼·西蒙在提出隐形冠军标准时，充分考虑了"全球化"因素，因此，"隐形冠军"实际上是隐形世界冠军。赫尔曼·西蒙认为，隐形冠军易产生于机器制造、消费品和服务业三大领域，并且应该具备三个标准：世界前三强公司，或者某一大陆名列第一的公司；营业额低于50亿欧元的公司；不是众所周知的公司。第一个标准标志着隐形冠军的市场地位，是指一个细分市场中隐形冠军所占的市场份额；第二个标准是一个动态标准，50亿欧元是2015年版本中提出的数据，而在2005年，赫尔曼·西蒙把它确定为30亿欧元；第三个标准是隐形冠军虽然在某个细分市场中为客户所知，但因为它生产的是工业品、原材料等，而不是终端消费品，所以一般不为大众周知。赫尔曼·西蒙指出，隐形冠军有两大支柱：第一，集中和深度。隐形冠军企业一般都在某个细分市场里长期精耕细作，一些企业能够为客户提供深度服务。第二，市场营销的全球化。由于隐形冠军业的业务都集中在某个细分领域，国内市场有限，因此必须面向全球市场。

第三节 "四类企业"的定义与特征

研究如何打造"四类企业"，首先要厘清"什么是'四类企业'"这一基本理论。根据相关领域前期理论研究成果，结合实践操作中形成的基本标准，我们对于"四类企业"的定义与特征作出如下判断。

一、行业产业龙头企业

行业产业龙头企业是指能够适应发展现代产业体系需要，立足实体经济，掌控产业链中技术含量高、增值幅度大、带动性强的重点环节，在提升产业技术的能力和产业链的现代化水平，发展前瞻性、战略性产业，维护产业链、供应链安全稳定方面，发挥龙头带动作用的企业。行业产业龙头企业需要能够带动、集聚行业内其他企业发展，一般具备以下特征：

（1）投资的外部效应。龙头企业通常具有较大的市场规模和资金能力，为了巩固自己的地位、扩大自己的规模，具有较强的投资意愿。其在劳动力上的投资会通过劳动力的相互流动，提高行业其他企业的劳动力质量；在创新合作网络上的投资会降低其他企业的创新成本，增加创新成果获得的可能性；在基础设施等上面的投资会间接降低其他企业的生产和交易成本。

（2）知识的扩散效应。龙头企业具有良好的知识存量基础和知识创造优势，在行业内往往处于知识转移的输出方，即存在扩散效应，使整个行业内的企业受益。此外，龙头企业作为行业的"看门人"，通过自身的领导地位和外部网络关系，获取外部的新知识，再通过各种途径外溢到本地区其余企业。

（3）创新的带动效应。行业内龙头企业具有创新优势以及强烈的创新意愿，其余企业迫于龙头企业的强烈竞争并为保持现有的发展地位，不得不采取跟随战略，增强了业内企业的整体创新动力。

（4）品牌的促进效应。龙头企业的产品品牌作为业内品牌的形象代表，具有较高的美誉度和强大的品牌竞争力，而这也是属于行业内相关企业所共享的无形资产。龙头企业依靠自身的优势推进品牌的建设，联合行业内的其他企业共同打造品牌，通过品牌促进效应带来规模的扩张。

二、科技创新领军企业

科技创新领军企业是指能够适应国家创新体系建设需要，集聚各类创新要素，集成各类创新资源，贯通技术、创新决策、研发投入、科技组织和成果转化，在实施创新驱动发展战略、促进我国科技自立自强方面发挥引领支撑作用的企业。根据国内外学者研究成果，结合各地出台的相关政策文件，科技创新领军企业应具备以下基本特征：

（1）有若干重大经济效益或社会影响的自主创新。如果没有重大自主创新，即使有许多一般的创新，也不能称之为领军企业。

（2）全面的、系统的创新。重大自主创新绝不是孤立的，它必然是在一个全面创新的企业系统中脱颖而出，也只能在一个充满创新活力的企业系统中存在。所以，科技创新领军企业应该在企业行为的各个方面都具有创新能力。要言之，在创新型企业里有无所不在的创新活力。

（3）可持续的创新。一个没有持续创新能力的企业不能算是真正意义上的科技创新领军企业。即使曾有个别、偶然的重大创新也不能造就一个科技创新领军企业。

（4）高速发展的企业。真正的创新，归根到底要体现在提高企业竞争力和巨大经济效益上，从而企业必然高速发展。

（5）具有巨大社会影响力和辐射力的企业。科技创新领军企业的创新成果和创新精神的示范作用能够带动一大批企业前进，在构建创新体系和建设创新型国家过程中发挥至关重要的作用。

三、"专精特新"冠军企业

"专精特新"冠军企业是指能够适应新兴产业发展，专注特定领域，生产技术工艺及服务能力品质领先，市场占有率居同行业前列，拥有高附加值的尖端产品和知名的高端品牌，并且在细分行业特定领域发挥示范引领作用的企业。根据中国工程院工业强基及战略研究项目组的研究报告以及课题组对相关专家的调研，"专精特新"冠军企业应具备以下基本特征：

（1）主要业务在基础零部件（元器件）、基础材料、工业软件和工业互联网基础（物联网、云计算、大数据、人工智能等）等领域，包括生产制造和生产性服务业。

（2）主要产品在某个细分市场居于领导甚至统治地位，市场占有率居世界前三名，且全球市场占有率不低于15%，部分特殊领域甚至是国内第一。

（3）产品技术水平为国际先进水平，具有自主知识产权，能够代表细分行业的发展水平。自主创新能力强，专利（特别是国际发明专利）数量和研发经费投入均不低于同行业国际领先公司的水平。

（4）经营业绩较好且稳定提升。年营业额不低于5亿元（某些细分行业可放低）。

四、基础保障骨干企业

基础保障骨干企业是指能适应现代化基础设施体系，立足于更好维护国家战略安全，在国防军工、能源资源、粮食供应、战略性储备、骨干网络、枢纽型基础设施和新型基础设施等关系国家安全和国民经济命脉的重要行业领域，保持控制力的企业。根据定义，基础保障骨干企业应具备以下特征：

（1）现代化基础设施体系建设的主力军。基础保障骨干企业致力于提升基础设施建设质量和水平，统筹推进传统基础设施和新型基础设施建设，服务构建系统完备、高效实用、智能绿色、安全可靠的现代化基础设施体系。

（2）企业战略目标着眼于维护国家战略安全。与充分竞争类企业重点关注经营业绩指标不同，基础保障骨干企业以保障国家安全和国民经济运行为首要目标，战略目标更聚焦于服务国家战略、保障国家安全和国民经济运行，以及完成特殊任务。

（3）在关系国家安全和国民经济命脉的重要行业领域保持控

制力。控制力的具体体现，就是要在国防军工、能源资源、粮食供应、战略性储备、骨干网络、枢纽型基础设施和新型基础设施等关系国民经济命脉的重要行业和关键领域起控制支配功能，在国家经济、社会协调发展领域起基础支撑功能，在宏观调控方面起弥补"市场失效"功能。

第二章

"四类企业"相关顶层设计

"四类企业"任务的提出，是国务院国资委党委贯彻落实以习近平同志为核心的党中央"加快建设世界一流企业"决策部署的重要举措，是"世界一流企业"的具体化和深化，为下一步国有企业改革发展指明了方向。这一任务的提出，与国家层面诸多顶层设计是衔接的，体现了国资国企改革发展的系统性全局性。

第一节 国务院国资委党委打造"四类企业"相关部署

国务院国资委党委深入学习贯彻习近平总书记关于发展国有经济的重要论述，深刻认识国有企业在国家战略安排中肩负的重大责任和使命，毫不动摇地坚持做强做优做大国有资本和国有企业。国资央企在新时代要实现更大作为、发挥更大作用、作出更大贡献，必须以打造"四类企业"为抓手，充分发挥科技创新、产业控制、安全支撑"三个作用"，加快建设世界一流企业。

2018年1月，国务院国资委党委在中央企业、地方国资委负责人会议上提出了主业突出、技术领先、管理先进、绩效优秀、全球资源配置能力强等5项"世界一流企业"的标准，并且要求培育一批专注细分领域的"单项冠军"企业，壮大一批核心竞争力强的骨干企业，打造一批国家新型工业化示范基地，从中可见"四类企业"的雏形。

2020年7月，国务院国资委党委在地方国资委负责人年中视频座谈会议上提出"着力优化和稳定产业链供应链，突出科技创新，积极发展战略性新兴产业，培育更多龙头企业、隐形冠军"，对"世界一流企业"的认识进一步深化。

总结党的十九大之后的理论和实践探索，国务院国资委党委在2020年中央企业负责人会议上系统性提出了打造"四类企业"的要求和部署，指出做强做优做大国有资本和国有企业、发挥国有经济战略支撑作用，必须要有一批能体现国家实力和国际竞争力的一流企业作支撑。我们要坚持与现代化产业体系相适应、与国家创新体系相衔接、与构建新发展格局相协同，遵循市场经济规律和企业发展规律，更多利用市场化手段和平台，更加突出主业、实业和核心竞争力标准，更好推进重组、整合、调整、优化，努力打造一批行业产业龙头企业、一批科技创新领军企业、一批"专精特新"冠军企业、一批基础保障骨干企业，确保中央企业真正成为主责主业突出、功能作用显著、有力支撑经济社会发展的国家队。2023年7月，国务院国资委部署推进央企产业焕新行动和未来产业启航行动，聚焦新一代移动通信、人工智能、生物技术、新材料等15个重点产业领域方向，推动中央企业加快布局和发展战略性新兴产业，强化与产业链上各类所有制企业协同合作，加大重大项目投资、产业并购、技术研发、标准制定等，抓紧打造一批具有国际竞争力的战略性新兴产业集群和产业领军企业。2023年9月，由国务院国资委、工业和信息化部共同组织实施的中央企业产业链融通发展共链行动正式启动。共链行动聚焦中央企业的产业链间协作、中央企业与优质中小企业之间的融通发展两大重点，建立常态化工作协同机制，搭建开放共享、互利共赢的合作交流平台，在采购订单、协作配套、创新合作、资源共享、产融合作、产业赋能等方面形成一批具有引领性的示范合作项目，挖掘一批大中小企业"链式"合作的典型做法，总结可复制推广的经验，旨在探索建立以中央企业为牵引，专精特新"小巨人"、制造业单项冠军等优质中小企业为支撑的大中小企业有序竞合、融通发展的新格局。

第二节 打造"四类企业"推动国有经济布局优化和结构调整

调整优化布局结构是推动高质量发展的根本要求。党的十八大以来，国有资本不断向关系国民经济命脉和国家安全、国计民生、科技创新、战略性新兴产业等领域集中，目前，主业处于石油石化、电力、通信、军工、机械、建筑等行业的企业资产总额占中央企业资产总额的比重超过90%。但是，当前国有经济总体上还是大而不强、全而不优，一些国有企业主动服务国家重大战略的意识不强，创新能力和服务支撑能力不足，资源要素配置效率不高。因此，中央企业要以打造"四类企业"为抓手，加快国有经济布局优化和结构调整，聚焦实体经济，做强做精主业，有效发挥国有资本投资、运营公司功能作用，不断增强国有经济竞争力、创新力、控制力、影响力、抗风险能力，充分发挥国有经济战略支撑作用。

一、新时代国有经济布局优化和结构调整的总体要求

优化国有资本布局结构，事关更好服务国家战略目标，事关更好适应高质量发展和构建新发展格局的要求。2020年6月30日，中央全面深化改革委员会第十四次会议审议通过的《国企

改革三年行动方案（2020—2022 年）》将"推进国有经济布局优化和结构调整"作为 8 项国企改革重点任务之一，明确了基本原则和主要思路。2020 年 11 月 2 日，中央全面深化改革委员会第十六次会议审议通过了《关于新时代推进国有经济布局优化和结构调整的有关意见》，进一步明确了总体要求、战略导向、重点领域、机制手段等。在此基础上，第十三届全国人民代表大会第四次会议通过的《中华人民共和国国民经济和社会发展第十四个五年规划和 2035 年远景目标纲要》明确提出，"十四五"时期加快国有经济布局优化和结构调整的目标和要求——围绕服务国家战略，坚持有进有退、有所为有所不为，加快国有经济布局优化、结构调整和战略性重组，增强国有经济竞争力、创新力、控制力、影响力、抗风险能力，做强做优做大国有资本和国有企业。发挥国有经济战略支撑作用，推动国有经济进一步聚焦战略安全、产业引领、国计民生、公共服务等功能，调整盘活存量资产，优化增量资本配置，向关系国家安全、国民经济命脉的重要行业集中，向提供公共服务、应急能力建设和公益性等关系国计民生的重要行业集中，向前瞻性战略性新兴产业集中。2023 年，新一轮国企改革深化提升行动再次将优化国有经济布局结构作为国资国企改革的重点任务，围绕前瞻性战略性新兴产业布局、发挥龙头企业产业链支撑带动作用等提出具体要求。

  国资央企要坚决贯彻落实党中央、国务院的决策部署，以实施"十四五"规划为契机和引领，以打造"四类企业"为抓手，结合落实《关于新时代推进国有经济布局优化和结构调整的有关意见》和新一轮国企改革深化提升行动要求，充分发挥产业龙头企业的带动作用、科技创新领军企业的引领作用、"专精特新"冠军企业的突破作用、基础保障骨干企业的支撑作用，推动国有经济在关系国家安全、国民经济命脉和国计民生重要行业领域的控制地位持续巩固，在前瞻性战略性新兴产业的布局比重大幅提升，在经济社会发展中的战略引领和基础保障作用全面增强，使产业基础高级化、产业链现代化水平明显提高，国有经济布局优化机制更加成熟定型。

二、以打造"四类企业"为抓手，向关系国家安全、国民经济命脉的重要行业集中

国有资本向重要行业和关键领域集中，是我国基本经济制度的内在要求，有利于增强国有经济的控制力、影响力、带动力，有利于更好地发挥国有经济的主导作用。改革开放以来，国有资本在国防军工、石油石化、电力、电信、煤炭、燃气、市政水务等行业和领域布局力度相对较大，行业占比始终维持在较高水平，为保障国家安全、促进经济社会发展、满足人民生活需要提供了根本保障。2007年，国务院国资委发布《关于推进国有资本调整和国有企业重组的指导意见》，强调国有经济需要控制的重要行业和关键领域主要包括："涉及国家安全的行业，重大基础设施和重要矿产资源，提供重要公共产品和服务的行业，以及支柱产业和高新技术产业中的重要骨干企业。"2016年，《国务院办公厅关于推动中央企业结构调整与重组的指导意见》进一步强调，国有资本要"在国防、能源、交通、粮食、信息、生态等关系国家安全的领域保障能力显著提升"。2020年发布的《关于新时代推进国有经济布局优化和结构调整的有关意见》，结合新发展阶段的新形势新任务，进一步明确了"国家安全""国民经济命脉"的范围和布局要求。

国资央企要以打造"四类企业"为抓手，推动国有经济向关系国家安全和国民经济命脉的重要行业领域集中。目前，处于国防军工、能源资源、粮食供应、战略性物资储备、骨干网络、重大金融基础设施等领域的中央企业，如军工、石油、中粮、中储粮、国家电网、国家管网等在此方面承担重要责任。未来，一要

强化国防军工领域国有经济布局，适应世界军事变革和国家安全需要，加强和优化国有经济在国防军工领域的投入和布局，重点投向战略武器装备科研生产、关系国家战略性安全的核军工能力领域，以军工企业为培育重点，打造一批拥有国防科技自主创新、原始创新能力的领军企业，强化武器装备"卡脖子"关键核心技术攻关，加强骨干企业重要军品应急生产条件建设。二要扩大国有经济对能源资源和粮食安全的保障能力，发挥国有经济在油气、煤炭、核能资源开发和电力保障供应领域的基础性作用。进一步优化国有经济在海外能源资源、关键战略性矿产资源、物流枢纽及远洋运输等领域布局，提高总体保障能力。保持国有经济在粮食收购、仓储领域主导地位，增强粮食储备能力、海外粮源及国际粮食贸易掌控能力，更好保障国家粮食安全。加强国有资本对粮棉油糖胶等重要农产品及战略物资生产、储备能力建设的支持。引导中粮集团等农业领域国有企业聚焦主业，提升种业和农业投入品研发生产能力，在种质资源普查、收集、鉴定、评价及品种自主创新等领域承担更大责任，维护国家种业安全。三要强化国有资本对骨干网络的控制力。坚持国家电网、南方电网、国家管网等企业对骨干网络的控制力，有序放开竞争性业务。继续发挥国有资本在通信网络、北斗产业、国际陆海光缆等领域的骨干支撑作用，加大对第五代移动通信、人工智能、数据中心、卫星互联网、工业互联网、物联网平台等新型基础设施建设的投入，强化落实企业法律责任，维护国家网络安全和数字经济安全。

三、以打造"四类企业"为抓手，向关系国计民生的重要行业集中

国有经济的主导作用和战略支撑作用不仅体现在国民经济重点行业高端领域，同时也体现在对国计民生相关产业全链条掌控

上。国有企业作为社会公共基础设施与服务的主要提供者，直接参与关系国计民生的重大工程建设。例如，在供水、供电、供暖等基础性公共服务领域，国有企业承担主要的建设和运营责任。这些基础设施是国民经济发展的重要基础，建设过程长、耗费大、效益低，甚至长期亏损，私营部门无力承担，也不愿承担。国有企业负责这些基础设施不仅可以产生规模效应，而且能够避免私营部门因过度竞争而导致的资源浪费。在这些行业，国有企业优先考虑公共利益。另外，国有企业肩负着为社会创造财富、保障和改善民生、为人民造福的特殊责任。在民生类产品供应上，国有企业要通过平抑市场价格、丰富市场供给、确保产品和服务质量、示范引领社会责任等方式，不断满足人民日益增长的美好生活需要。改革开放初期，国有企业涵盖国民经济所有行业所有领域，战线宽、布局广，大而全、小而全，效率低下，包袱沉重。40多年来，我们坚持放开搞活、抓大放小，推动国有资本向国民经济重要领域关键行业集中，国有企业数量下来了，战线收缩了，效益上去了，控制力影响力增强了，国有经济战略调整取得历史性成就。但新冠病毒感染疫情提醒我们，在向中高端产业集中的同时，也要兼顾对全产业链的影响和控制，注重保持和发扬我国独立完整的国民经济和工业体系。既要有高精尖的数控机床、人工智能制造和芯片光刻机，也要在口罩、防护服等与人民群众生活密切相关领域，保证必要产能和转产能力，始终保持我国高中低产业链配套性和工业体系完整性。

国资央企要以打造"四类企业"为抓手，在国计民生方面，推动国有经济在重要行业和关键领域承担起基础性、保障性功能，发挥好国有经济在重大区域战略和高水平对外开放战略中的引领示范作用。一是促进国有经济更好服务长三角高技术产业集群发展，粤港澳大湾区战略性新兴产业、先进制造业和现代服务业，长江经济带、黄河流域生态保护和环境治理，东北地区国资国企改革，西部地区产业发展等区域重大战略；二是促进国有经济支持边境区域发展；三是促进国有经济更好服务共建"一带一路"高质量发展。在公共服务方面，要加大国有资本对民生保障、生态环保、防灾减灾救灾、应急物资保障等公共服务领域的有效供给，弥补市场失灵。一是建立国有经济对公共服务供给的补短板机制，通过加大国有资本投入，提高公共服务的质量和效率，特别是要加强对农村地区和贫困地区的公共服务的供给，以弥补市场失灵所带来的公共服务供给不足；二是建立国有经济提供公共服务的多元供给机制，通过引入多元化的供给主体，推动公共服务的市场化和社会化，提高公共服务的供给效率和品质，同时加强对公共服务供给的监管和评估，确保公共服务的公正性和公平性；三是建立公共服务业务分类管理制度，针对不同类型的公共服务，应建立不同的管理制度和标准，以确保公共服务的专业化和规范化。

四、以打造"四类企业"为抓手，向前瞻性战略性新兴产业集中

前瞻性战略性新兴产业代表新一轮科技革命和产业变革的方向，是培育发展新动能、获取未来竞争新优势的关键领域，对国家发展具有极其重要的战略性意义。同时又存在风险高、周期长、投入巨大、不确定性和外部性较强等特点，客观上要求国有企业必须在促进战略性新兴产业发展中当好先锋队和领军者。2010年，《国务院关于加快培育和发展战略性新兴产业的决定》明确指出，要将节能环保产业、新一代信息技术产业、生物产业、高端装备制造产业、新能源产业、新材料产业、新能源汽车产业七大产业作为重点发展方向。2016年，国务院印发《"十三五"国家战略性新兴产业发展规划》，进一步强调要加大构建信息技术产业、高端装备与新材料产业、生物产业、新能源汽车、

新能源和节能环保产业、数字创意产业等现代产业新体系，超前布局空天海洋领域、信息网络领域、生物技术领域、核技术领域等一批战略性产业，打造未来发展新优势。2020年发布的《关于新时代推进国有经济布局优化和结构调整的有关意见》，要求加强国有资本对创新能力体系建设、基础研究和前沿技术研究的支持，加大前瞻性战略性产业、先进制造业和未来产业投入，对于国有经济在新发展阶段提出了更高、更具体的要求。2023年，国务院国资委进一步部署推进央企产业焕新行动和未来产业启航行动，提出"9+6"布局，即优先发展未来网络、元宇宙、空天信息、仿生机器人、合成生物、未来医疗、氢能与储能、前沿新材料、柔性电子等9个未来产业；探索发展量子信息、脑科学与类脑智能、深地深海、可控核聚变及核技术应用、低成本碳捕集利用与封存、智能仿生与超材料等6个未来产业，推动中央企业更好地发挥产业引领的作用。

国资央企要以打造"四类企业"为抓手，在产业引领方面增强国有企业攻克"卡脖子"关键核心技术和制造业强基补链的能力，引领我国产业发展和自主创新，推动科技创新不断取得突破性、标志性重大成果。一是依托"四类企业"着力抓好关键核心技术攻关。全力实施央企攻坚工程，把最优秀的人才、最急需的资源、最先进的设备配备到攻关任务上来，尽快解决"卡脖子"问题。创建并有效运行创新联合体，充分发挥5G、北斗、新能源汽车、海工装备等产业创新平台作用，联合行业上下游、产学研力量开展协同攻关。发布关键核心技术产品推广目录，加强对成果转化、首台套应用的政策支持，发挥中央企业规模市场优势，加快推进国产化替代。二是依托"四类企业"着力提升技术创新能力。围绕国家战略和高质量发展需求，分层次、分领域部署一批产业关键技术、前沿引领技术和应用基础技术，针对工业母机、高端芯片、基础软件、大飞机、发动机等产业薄弱环节，加大攻关力度。积极参与国家重点实验室优化重组，主动承担国家重大科技任务，加强与科研院所、高校、各类所有制企业的科技合作，多渠道筹集创新资本、集聚创新资源，努力提高联合研发能力和水平。发挥科研院所转制企业作用，打造行业共性技术平台。深化国家级"双创"基地建设，依托央企"双创"平台，促进大中小企业融通创新。三是依托"四类企业"着力抓好人才和机制两个关键点。引进更多国际一流人才，着力培养急需紧缺的科技领军人才和高水平创新团队。落实好出台的科技创新各项支持政策，完善激励机制和评价机制，落实"军令状"制度和"揭榜挂帅"等机制，系统推进中央企业科技创新激励保障机制建设，赋予科研人员在成果转化中的更大自主权，健全以创新能力、质量、实效、贡献为导向的科技人才评价体系，激发广大科研人员创新动力、创造潜能。

第三节　国资央企打造"四类企业"的重大责任

一、打造"四类企业"是坚决贯彻落实党中央决策部署的重要举措

加快建设世界一流企业是以习近平同志为核心的党中央从党和国家事业发展全局出发，准确研判国际国内形势变化、统筹国际国内两个市场作出的重要战略部署，是建设社会主义现代化强国的重要基础，是推进经济高质量发展的重要力量，也是实现人民美好生活的重要保障。打造"四类企业"是国务院国资委党委坚决贯彻落实党中央决策部署的重要举措，是加快建设具有全球竞争力的世界一流企业的必由之路。国有企业特别是中央企业，是深入推进供给侧结构性改革的重要力量，是新时代适应经济全

球化新趋势、促进我国产业迈向全球价值链中高端和增强国际竞争力的重要主体。为贯彻落实党中央指示、加快建设更多世界一流企业，国资央企必须加快推进产业升级，在一些优势行业和领域，向价值链高端迈进，努力在国际市场竞争中占据有利地位，形成一批在全球产业发展中具有影响力和带动力的行业产业龙头企业；必须大力实施创新驱动发展战略，鼓励国有企业以市场为导向持续加大研发投入，突破和掌握一批关键核心技术，培育一批高附加值的尖端产品，打造一批国际知名的高端品牌，形成一批引领全球行业技术发展的具有竞争力和创新力的科技创新领军企业和"专精特新"冠军企业；必须坚持以促进经济社会发展为己任，聚焦主责主业，主动承担更多民生保障任务，形成一批具有控制力的基础保障骨干企业。

二、打造"四类企业"是国有企业地位作用和责任使命的题中之义

国有企业作为我国国民经济的重要支柱，在建设社会主义现代化强国中肩负着重大历史使命，在实现我国经济高质量发展中承担着重要历史任务。对于国有企业的重要地位和作用，习近平总书记多次作出包括"两个支柱""两个基础""六个力量""三个排头兵""顶梁柱"等重要论述。无论是落实国家宏观调控政策、实施国家重大战略、保障能源资源安全，还是抗击疫情和重大自然灾害、推进脱贫攻坚、参与民生工程，无不体现出中央企业国之柱石的重要作用，无不彰显着中央企业大国重器的责任担当。中央企业作为国民经济的骨干和中坚力量，既关系国民经济命脉和国家安全，也与国计民生、百姓生活息息相关，在推进开放型经济新体制中肩负着推动优势产业走向世界的使命。为了在激烈的国际经济竞争中培育我国经济的新优势，在产业链、价值链中占据中高端，我们必须有一批绝对忠诚、充满活力、竞争领先、

造福人民、强根固魂的世界一流企业。要通过打造"四类企业",使中央企业成为特色鲜明、"五力"强劲、战略突出、名副其实的国家队,更好服务国家战略目标,充分发挥中国特色社会主义经济"顶梁柱"作用。

三、打造"四类企业"是当前国内国际严峻复杂形势的迫切要求

中国特色社会主义新时代,是我国发展重要战略机遇期、中华民族伟大复兴加速期,但同时也要看到我国发展进入风险易发多发期,国内外形势仍然复杂严峻。

从国内看,我们要全面建设社会主义现代化国家,解决发展不平衡不充分的问题。作为贯彻新发展理念、全面深化改革、促进经济社会发展、保障和改善民生的重要力量,国有企业特别是中央企业必须在落实好国家重大战略的基础上,着力发展新质生产力,着力解决关键核心技术"卡脖子"问题,着力提升产业链供应链韧性和安全水平,在履行新时代的历史使命中继续发挥好"主力军"作用。

从国际看,世界面临百年未有之大变局,全球范围内的竞争更加激烈。综合国力是以经济实力为基础的,国与国的竞争很大程度上是优质企业的竞争。只有打造一批可以与发达国家大型跨国公司同台竞技的世界一流企业,我们在国际上才有话语权,才更有条件实现中华民族的伟大复兴。作为壮大综合国力、实施"走出去"战略的重要力量,国有企业特别是中央企业有基础也有责任走在创建世界一流企业的前列,率先成为在国际资源配置中占主导地位、引领全球行业技术发展、在全球产业发展中具有话语权和影响力的领军企业,推动国家竞争力全面提升。

在此背景下,中央企业应有作为、必有作为、大有作为,必

须专注实业、做强主业、创新创业，大力实施创新驱动发展战略，发挥主力军作用，加快突破关键核心技术，在新一轮产业革命中占据有利地位，把竞争和发展的主动权牢牢掌握在自己手里，培育一批引领全球产业和技术发展、具有国际话语权和影响力的领军企业，为人民提供更优质的产品和服务，努力破解不平衡不充分的矛盾。

第四节　相关政策梳理

党的十八大以来，我国不断完善培育世界一流企业的政策体系，形成了较为丰富完善的政策体系，对支持各类企业高质量发展起到至关重要的作用。特别是党的十九大明确提出"培育具有全球竞争力的世界一流企业"后，产业链供应链上关键企业和高新技术企业的发展获得了更加有力的政策支持，得到蓬勃发展。党的二十大在强调"加快建设世界一流企业"的基础上，进一步提出"推动战略性新兴产业融合集群发展，构建新一代信息技术、人工智能、生物技术、新能源、新材料、高端装备、绿色环保等一批新的增长引擎"，对我国新阶段产业发展提出更高要求。

从顶层设计上看，"十三五"规划着眼于贯彻落实创新驱动发展战略，提出"培育一批有国际竞争力的创新型领军企业"的目标，并规划了"制造业重大技术改造升级工程""新兴产业全球创新发展网络计划""设立国家战略性产业发展基金"等举措，以支持企业创新力和竞争力的提升。党的十九大以后，相关政策布局更加系统全面：在国资监管体制上，逐步完善以管资本为主的国有资产监管体制，深化国资国企改革，国有企业的活力显著增强；在产业政策上，持续推进供给侧结构性改革，淘汰落后产能，清理处置"僵尸企业"，国有经济的布局结构显著优化；在金融政策上，利率市场化改革成效显著，设立科创板、改革创业板并试点注册制，不断增强资本市场对科技创新型企业的包容性，着力支持关键核心技术创新，提高服务实体经济能力，金融服务企业竞争力提升的能力显著提高；在营商环境上，持续深化"放管服"改革，优化营商环境，降低制度性交易成本，保护产权和知识产权，保护公平竞争，企业的发展信心显著提升。

新冠病毒感染疫情发生以后，面对疫情冲击和国际局势变化，党中央顺势而为，主动对国家发展战略作出重大调整，首次提出"构建以国内大循环为主体、国内国际双循环相互促进的新发展格局"的指导思想。新发展格局的形成需要大批世界一流企业的支撑。为此，中央全面深化改革委员会第十四次会议决定实施国企改革三年行动，全方位增强国有经济竞争力、创新力、控制力、影响力、抗风险能力。"十四五"规划中，建设世界一流企业的举措更加细化。除在畅通科技型企业上市融资渠道、完善针对创新的税收优惠政策、健全鼓励国有企业研发的考核制度等方面，继续支持科技创新领军型企业发展"硬科技"之外，规划还特别提出要培育一批"具有生态主导力和核心竞争力的龙头企业和专精特新小巨人企业"的目标，并要求"发挥大企业引领支撑作用，支持创新型中小微企业成长为创新重要发源地，推动产业链上中下游、大中小企业融通创新"；以及推进铁路企业改革、培育一批具有全球竞争力的现代流通企业，以进一步提升我国保障民生、支撑经济发展的基础能力。

国务院国资委坚决贯彻落实党中央决策部署，全面提升国有企业发展质量和效益，加快建设世界一流企业。相关政策主要聚焦于六个方面：

一是提升国有企业的创新引领能力。修订完善中央企业负责人经营业绩考核办法，鼓励企业家敢闯敢试、大胆探索，激发企业家带领企业朝着创建世界一流企业的目标迈进。紧盯企业深化自主创新，持续提升自主创新投入规模和强度，促进高水平科技自立自强，加大对战略科学家、科技领军人才、青年科技英才的引进、培养和激励力度。

二是深入推进体制机制改革。深入落实国企改革三年行动并圆满收官，部署推进新一轮国企改革深化提升行动，不断完善市场化经营机制、公司治理机制，加快建设中国特色现代国有企业制度，积极推进混合所有制改革和股权多元化，不断激发企业内生活力和发展动力。

三是强化管理提升。通过在国有重点企业开展对标世界一流管理提升行动、管理标杆创建行动，引导中央企业和地方国有重点企业加强基础管理、提升质量管理，努力向世界一流水平迈进。

四是优化国有资本布局结构。以供给侧结构性改革为主线，推动国有企业把更多资源放在落实国家战略、做好主业实业、加强科技创新上，在加快关键核心技术攻关、推进我国产业基础高级化、产业链现代化中担负起更大责任。

五是提升国际化经营能力。按照"两个循环"新发展格局要求，更大范围、更深层次、更高水平融入全球产业链分工体系，找到更多利益契合点和经济增长点，共同培育更多新产业新业态新模式。

六是充分发挥党建引领保障作用。坚持"两个一以贯之"，进一步在完善公司治理中加强党的领导，推动党建工作与生产经营深度融合，加强国有企业党组织工作科学化、制度化、规范化、标准化建设。

其他中央部委也同步推进相关政策，为建设世界一流企业提供支持，其中相当一部分政策以激励企业创新为目标。比如，国家发改委依托企业建设了一批国家工程研究中心、国家工程实验室和国家地方联合创新平台，集聚和培养了数万名科技管理人员和研发人员；联合科技部等部门出台政策，为创新能力强、创新机制好、引领示范作用大的企业提供科技创新进口等税收优惠政策。国家科技创新规划提出加大对企业创新的金融支持力度，包括为创新企业提供股权和债权相结合的融资方式，发挥政策性银行作用，提高信贷支持创新的灵活性和便利性，推进知识产权证券化，建立知识产权质押融资市场化风险补偿机制，建立科技保险奖补机制和再保险制度，完善专利保险服务机制，鼓励高新区和自贸试验区开展科技金融先行先试等举措。

此外，各部委还出台了一系列针对"四类企业"的差异化政策：

针对行业产业龙头企业，相关政策主要着眼于发挥其引领带动作用。工业和信息化部联合四部门发布的《促进大中小企业融通发展三年行动计划》，鼓励龙头骨干企业将配套中小企业纳入共同的供应链管理、质量管理、标准管理、合作研发管理等，提升专业化协作和配套能力。另外，《促进大中小企业融通发展三年行动计划》还提出要支持龙头骨干企业建立开放性研发平台向中小配套企业开放，完善产业链，打造创新链，提升价值链，推动中小企业"专精特新"发展，培育和发展一批成长性好的企业。为支持龙头企业的发展，国家科技创新规划提出推动行业产业龙头企业转型试点，鼓励龙头企业加大研发投入、建设高水平研究机构和国家重点实验室。《工业和信息化部关于进一步促进产业集群发展的指导意见》要求各级企业技术改造或转型升级专项资金优先为行业产业龙头企业的转型升级提供资金支持。

针对科技创新领军企业，相关政策主要着眼于发挥其创新突破作用。《"十四五"国家科技创新规划》提出要"加快国家科技重大专项的部署和实施支持创新型领军企业的建设、鼓励围绕创新链的企业兼并重组，推动创新型企业做大做强"。工业和信息化部部署通过加大中央财政对基础研究的支持，健全技术创新基金运行机制等举措，引导技术能力突出的创新型领军企业加强基础研究，并指导建设了一批企业化运营的制造业创新中心，按照"小核心、大协作"的模式，以资本为纽带整合资源，突破行业关键共性技术的研发瓶颈。

针对专精特新冠军企业，相关政策主要着眼于发挥其专业化优势。国家发改委联合17部门发布的《关于健全支持中小企业发展制度的若干意见》，要求完善支持中小企业"专精特新"发展机制。健全"专精特新"中小企业、专精特新"小巨人"企业和制造业单项冠军企业的梯度培育体系、标准体系和评价机制，引导中小企业走"专精特新"之路。完善大中小企业和各类主体协同创新和融通发展制度，提高中小企业专业化能力和水平。为支持专精特新企业发展，工业和信息化部启动实施了支持"专精特新"中小企业高质量发展奖补政策，编制了为"专精特新"中小企业办实事清单，并提出强化产业政策与金融政策协同，创新发展供应链金融，推动缓解中小企业融资难问题等举措，支持中小企业向专精特新方向发展。

针对基础保障骨干企业，相关政策主要着眼于提升其保障国家发展需要的能力。在国防安全方面，为提升军工企业的竞争力，允许部分军工科研院所将非经营性资产转为经营性资产，建立军用技术再研发降密、解密机制；允许军工单位试行竞争性采购制度改革，提高外协配套率；分类推进军工单位参与建设科技资源共享平台、信息对接平台、知识产权公共服务平台等。在能源保障方面，为推动能源行业的绿色产业升级，国家发改委出台了《能源生产和消费革命战略（2016—2030）》，明确提出建立健全能源生产、配送和交易管理市场化制度以及完善产能退出机制，加快淘汰落后产能等举措，以激励能源行业企业不断提高生产经营水平。在基础设施方面，国家发改委组织实施了新型基础设施建设工程，安排中央预算内资金支持有条件的企业开展智能制造领域的新型基础设施建设；工业和信息化部计划部署建立统一、开放的工业互联网标准，推动工业互联网在实体经济重点领域深度应用，目标是形成具有国际影响力的工业互联网平台体系，并提出加快完善工业互联网相关数据采集、流转、使用等法律法规，强化财政金融政策支持等支持举措。

第三章

国内外"四类企业"典型案例分析

打造"四类企业"任务虽然是近年提出,但实际上已有深厚的实践基础。一些世界知名企业实践起步较早,其经验值得我们参考借鉴。一些国内标杆企业也取得丰硕成果,并形成独具中国特色的经验做法,同样具有借鉴意义。

第一节 "行业产业龙头企业"典型案例分析

行业产业龙头企业对本行业和相关行业、产业上下游产生带动作用。由于行业和其他条件存在差异,龙头企业所表现出的带动作用会有很大不同,如一些地区特色产业中也会出现规模较小的行业产业龙头企业。当前我国面临复杂的国际形势,正构建以国内大循环为主体、国内国际双循环相互促进的新发展格局,因此,有效引领"国际竞争"的行业产业龙头企业经验非常值得国资央企关注和借鉴。我们选取的三家代表企业突出了"协同"和"生态"的概念。这些企业聚集了大量同行业及相关行业企业,形成强大的国际竞争力。

一、苹果公司以商业生态系统赋能价值创造

苹果公司(以下简称苹果)是一家高科技公司,创立于

1976年，入选2019福布斯全球数字经济100强榜第1位，2023年《财富》世界500强第8位。苹果自2007年初发布了第一代iPhone，逐步建立了基于云技术的产业生态系统，经过十余年的发展，iPhone系列产品作为其主要产品平台享誉世界。除了硬件，苹果于2008年发布了App Store，为商业生态系统内部的硬件成员设置了应用软件商店。

苹果依托其高质量产品，成功地构建了一个以自己为中心的手机产品价值链，并吸引相关行业中的优秀供应商加入该网络，成为其原材料的供应者或中间零部件加工者和最终产品的组装者，从而构建了一个高质、高效的产品价值链网络。苹果的产品先于现期市场发布，其供应商也会在现期用户形成前确定。苹果基于长久以来良好的企业声誉和业绩获得了全球优秀供应商的支持，在200大核心厂商中包括中国大陆41家、中国台湾46家、美国38家、日本38家、欧洲18家、韩国11家、其他地区5家。以客户需求为中心，依托强大的设计、研发、品牌构建能力，苹果公司在价值链上下游进行了延伸，几乎能够获取价值链中60%以上的利润。2010年至今，苹果手机零部件的全球外包份额实现100%，它的制造过程能反映全球生产网络运作，也是美国有效利用亚洲加强技术专业化的典范。

苹果构建的商业生态系统以硬件作为基础，构建了生态链——生态圈——商业生态系统——创新的商业生态系统。苹果公司的产品生产采用技术自研为主，供应商技术为辅的方案。如苹果的5G-soc就是采用高通公司的5G模块，显示屏由三星和京东方供货，产品各个组件都是来自全世界的供应商，但产品的核心竞争力源自其自研的A系列CPU和iOS系统。而在应用软件和程序开发上，苹果与具有相关技术的程序商进行合作，进行平台共建。同时，通过大规模并购相关行业，如瑞萨、Novauris、Siri、Beats、Magic等，丰富产品线，形成横向发展的价值链网络结构。

苹果通过把握消费者的需求和对研发环节的大量投资，构建全球价值链成为主导企业。利用主导企业的技术、研发和设计以及品牌等核心竞争力，向价值链中利润创造较高的核心技术环节和品牌、销售渠道环节的两端延伸，对价值链两端高附加值部分进行掌控。

近年来，随着数字产品交易额的不断增长，苹果的盈利重心开始向"苹果税"转移。所谓苹果税，是指苹果公司在 App Store 上 App 的下载使用过程中通过虚拟货币，用苹果支付渠道收取 30% 的分成，又可理解为苹果提供的服务费率。App Store 在 2019 年总收入约 500 亿美元，用户可以在 App Store 中购买应用程序、游戏服务、音乐等互联网增值服务。Apple Store 中有当季最热门的游戏，而游戏的充值业务必须从 App Store 支付，无形中扩展了苹果的游戏业务。苹果在 2019 年推出了 Apple Arcade 游戏订阅服务，Apple Arcade 中的游戏支持 iOS、Mac 和 Apple TV 几大平台，用户支付订阅费用之后便可畅玩其中的所有游戏，无须再另行购买。

虽然"苹果税"屡遭诟病，并多次被诉讼和接受反垄断调查，但也可以说明，苹果作为一家国际性的行业产业龙头企业，其地位是非常牢固的，对于整个产业生态系统起到了核心枢纽作用。无论哪个国家的开发商，只要其数字产品需要通过苹果（特别是 iPhone）平台发布，都要支付这一费用。从另一个角度看，也正是苹果平台推广了种类多样的数字产品服务，促进了相关行业的蓬勃发展。苹果这种基于技术构建全球商业生态并占领制高点，从而成为全球行业产业龙头企业的经验，非常值得当前我国高新技术行业企业借鉴。

二、三菱商事致力构建全球经贸服务网络

三菱商事株式会社（以下简称三菱商事）历史悠久，前身可

追溯到 1870 年，贸易一直是其主业。1954 年后的 30 余年时间里，三菱商事仍将业务集中在以资源和机械为主的贸易上，至今其企业纲领仍包含"立业贸易"。

20 世纪 80 年代中期，日本经济泡沫破裂，进出口规模缩减，生产商更倾向于独立进入国际市场，这导致作为中间商的"综合商社"失去了存在价值。在此背景下，三菱商事果断改变其经营模式，通过投资参股能源资源等重点行业（即"事业投资"），向产业链上下游延伸业务。经过持续调整，进入 21 世纪之后，三菱商事的利润结构从先前完全来自贸易，转为仅 20% 来源于贸易，其余 80% 均来源于实业投资。近两年，三菱商事通过更大规模的实业投资，发挥自身管理能力，开始更深入参与产业链运营。以电力行业为例，三菱商事从最初买卖发电设备，发展到通过 EPC 模式在海外建设电力设施，近年来又自营海外发电厂，涉足电力传输业务，业务范围囊括了整个电力行业的上、中、下游。

通过在食品、矿产资源、机械、能源等重要领域的投资，三菱商事的全球网络中包含多达 1400 多个成员公司，分布在全球 90 多个国家和地区。这些成员公司在经营自身业务的同时，源源不断地将海外商务信息送回总部及各产业职能机构。这些庞大的"来自第一线的"信息资源形成了总部和职能机构的重要优势，对全局决策和寻找新的商业机会起到了极大作用。在一些国家地区，分布于不同行业的成员公司已形成了网络优势，不断给集团内公司优先提供新的商业机会。

三菱商事一贯将供应商和客户都视为重要"资本"，不断将海外商业信息和机会与他们分享，帮助众多日本企业开展海外业务。凭借自身全球网络，三菱商事向面临市场缩小的日本公司提供海外市场信息和各类支持，甚至提供一整套与本公司合作海外经营的解决方案。例如，三菱商事牵头的越南河内"中央公园"房地产项目，带动了多家日本开发公司合作参与；再如，三菱商事汽车行业会议每半年召开，主要讨论日本汽车业新趋势和全球合作，在日本有很大影响力。

2018年11月，为应对数字技术升级和更多平台企业涌现，三菱商事新的三年战略明确强调要"整合业务线条，通过跨组织协同激发新的事业构思，强化成员及合作企业的全球合作"。在具体行动上，一方面，公司将以往众多业务重新整合为"生活""移动与基础设施""能源与电力""服务"四个大型综合业务板块，着力消除部门间壁垒；另一方面，总部任命新的"首席数字官"，设置"事业构思室""数字战略部"等新部门，在原有部门任命"事业构思担当""数字战略担当"等新职位，促进商业模式改革，重点发现跨组织"发展萌芽"。通过这样的变革，三菱商事期望成为更加高效的企业跨国经营合作平台，在全球新事业中整合更多伙伴和资源。

三菱商事经营海外市场，具有以下四方面核心优势。首先，三菱商事的股权与投资多元化，与全球众多公司（主要是日本公司）交叉持股，实现了企业高度社会化，并基于这种共同利益形成了坚实的合作基础。其次，三菱商事业务范围广，覆盖了多个完整产业链，在资源、能源和机械领域有很强优势，并可通过众多伙伴实现跨产业链合作。再次，三菱商事具备独特的信息优势，经过多年海外贸易"深耕"，对各国商业环境和各类情报有准确的把握，对新机会的反应异常灵敏。最后，三菱商事有很强的协调管理能力，操作大型海外项目的经验丰富，资源调动（特别是资金）能力强，已形成健全的投融资和风险防控体系。正因为有了这样的优势，相对其他厂商"小卖店"式的经营，三菱商事通过整合资源成为"大型百货商场"，使各国形成了"通过三菱什么都可以做"的惯性依赖。

以三菱商事为首的日本五大综合商社，正作为中坚力量大力推进日本"基础设施出口战略"，与我国"加快建设贸易强国"

有强竞合关系。众多日本企业围绕这些综合商社，形成了战力强大的"航母编队"，在海外市场，特别是发展中国家市场上极具竞争优势。这种"综合商社"海外经营模式，对中央企业有很强的借鉴意义。

三、中交集团打造现代产业链链长

中国交通建设集团有限公司（以下简称中交集团）因改革而生、因改革而兴、因改革而强。作为集国企党建联系点、国有资本投资公司试点、交通强国建设试点"三个试点"于一身的唯一一家中央企业，中交集团勇担保障国民经济发展要素流通、国家对外贸易物流通道通畅，以及海外关键交通基础设施节点安全的责任使命，打造现代产业链链长，努力成为具有全球竞争力的科技型、管理型、质量型世界一流企业。

2021年国务院国资委推动中央企业建设现代产业链链长以来，中交集团围绕国有经济竞争力、创新力、控制力、影响力、抗风险能力的"五力"作用，不断增强在践行国家战略中提升产业发展质量和服务经济社会发展的能力，在服务国家战略中彰显了"中交担当"。

一是学深悟透，筑牢建设现代产业链链长的思想之基。中交集团在推进现代产业链链长建设的过程中，始终把学深悟透习近平总书记重要指示精神放在第一位，严格落实国务院国资委有关工作部署，坚持讲政治、讲格局，强调从决策层面和执行层面跳出企业自身的局限性，站在国家大局的层面上准确认识现代产业链链长建设的意义；坚持从国家战略大局、产业链整体发展的角度思考问题、推进工作，为打造现代产业链链长提供坚强的政治保证，确保方向正确"不偏航"。经过统一思想、强化使命担当意识，系统开展现代产业链链长建设的基础性工作：对内，中交集团全面系统开展了产业链图谱梳理、产业链卡点断点堵点梳理等基础性工作，并在严格落实国家保密规定的前提下，加强对集团总部有关部门、相关所属二级企业、内部研发机构、一线执行单位的宣贯，使集团内部从决策到执行层面都充分认识到建设现代产业链链长的重要意义，强化使命担当意识；对外，中交集团以产业链发展大局为统领，以"链长"企业为核心，以市场化经营机制为基础，以国家政策为支撑，充分发挥中交集团在综合交通产业领域的领导力和影响力，强化产业链各环节参与者的大局意识和整体意识。

二是系统规划，健全建设现代产业链链长的成事之本。为打造现代产业链链长，中交集团积极构建起一套思路清晰、架构完整、机制健全的链长建设工作体系，形成重点突出、运转高效、协同联动的产业链组织管理模式。组建集团一把手担任组长的现代产业链建设领导小组、由集团总部有关部门组成的专项工作小组，建立了包括产业链链长负责制、链长制支撑服务体系在内的专项工作机制；将链长建设工作写入公司"十四五"规划，做好强化链长建设工作与企业经营发展、战略规划的融合衔接；制定《中交集团现代产业链"链长"建设指导意见》，专门编制产业链生态规划，凡涉及技术创新和产业链的问题，都是作为第一议题研究；在主责主业管理、资源配置、人才支撑、科技创新、投资管理、金融支持、经营业绩考核等方面，为打造现代产业链链长提供了系统的配套政策与制度支持。

三是聚力创新，激发建设现代产业链链长的动力之源。中交集团持续完善创新体系、提高研发投入、加大核心技术攻关，着力解决"命门"和"卡脖子"问题，积极抢占科技竞争和未来发展制高点，为未来竞争持续蓄能。实施《关于科技体制改革和创新体系建设的实施意见》，制定《关于推进科技成果转化激励机制建设指导意见》《科技人才与科技成果激励管理办法》等系列制度，为科技人才激励和科技成果转移转化夯实制度支撑。创新投入模式，设立首期募集规模10亿元中交科技创新创业引导基金，实现"拨投并举"。实施科技型企业股权分红、超额利润分享等中长期激励机制，对重点科研团队、重点科技人才实行特殊薪酬待遇。实行重大科技项目"揭榜挂帅"和科技研发项目负责人"组阁制"，激发各类创新主体积极性。全面梳理产业链"卡点"图谱清单，开展"卡脖子"关键核心技术攻关。研发经费投入强度提高到2.96%。牵头承担国家及各部委科研项目45项，公司重大科技攻关能力显著增强，为产业链向中高端转移提供技术支撑。针对国内基础设施建设难题和国外技术封锁，聚焦主责主业，在大交通、大城市领域突破"卡脖子"技术，填补技术领域"中国空白"。聚焦国家重大战略需求，打造长大桥隧、疏浚技术与装备、多年冻土道路、浮式桥隧、远海岛礁、海岸带修复与流域保护治理等六个领域的原创技术策源地，夯实了高水平科技自立自强的技术支撑。

四是打造品牌，培育建设现代产业链链长的价值之魂。中交集团按照国务院国资委关于中央企业加强品牌建设工作的相关要求，统筹谋划、分类管理、系统集成，整合集团公司和所属企业品牌资源，建立科学的母子品牌架构，打造一主多元品牌体系，并逐步强化统一母品牌形象，实施统一品牌战略。打造协同发展的品牌体系，集团品牌、产业品牌、产品品牌、服务品牌分工协作、协同发力，科学构建以母品牌"中国交建（CCCC）"为主体，以中国港湾（CHEC）、中国路桥（CRBC）、振华重工（ZPMC）等系列子品牌为支撑的品牌架构体系。其中，中国港湾作为中国交通建设领域最早的五家外经企业之一，"CHEC"已成为国际工程行业高美誉度的知名品牌；中国路桥自1958年走出国门承担援外项目建设，"CRBC"作为国际工程承包界的知名品牌已享誉世界；振华重工港机产品进入全球104个国家和地区，成为名副其实的世界"贸易之臂"。中交集团积极响应"一带一路"

倡议，打造蒙内铁路、斯里兰卡科伦坡港口城等一系列闪亮名片，成功带动中国标准、中国技术、中国装备、中国管理走向世界，成为丝路精神的传播者、人类命运共同体的忠实践行者。

现代产业链链长建设工作开展以来，中交集团的产业链安全自主可控、创新引领发展、产业链生态建设的意识和能力都有了明显提升。

一是产业链安全自主可控水平进一步提升。中交集团根据自身业务结构和全球化市场布局的特点，在软件系统、关键零部件、高性能材料等产业链主要短板和"卡脖子"环节，加大自主研发力度和国产产品与服务使用比例，加强供应链管理和战略性储备，断链断供风险防范意识和能力进一步提升。同时，加快产业链补短板，产业链上游以设计咨询为核心，加大与高校、科研机构、科技企业等外部单位的合作；产业链中游加强与供应商、分包商的协同合作，进一步壮大产业发展根基，构建良好产业生态扩大产业链长板优势；产业链下游重点发力提升基础设施运营和物流服务能力，补齐产业链发展短板。

二是产业链科技创新水平进一步提升。中交集团依托产业链完善创新链，围绕国家重大战略需求，聚焦主责主业，加快原创技术突破。同时，主动承接国家科技计划和重大基础研究任务，积极参与国际大科学计划和大科学工程，组织实施一批有明确应用前景的科技攻关示范项目，为推进现代产业链链长建设、实现科技自立自强提供了有力支撑，创新引领意识和能力进一步提升。

三是产业链生态建设水平进一步提升。中交集团在企业内部选择一批在市场资源、科技创新、供应链等方面具有良好基础和比较优势的所属三级企业，聚焦核心技术和关键产品服务供给，通过内外部跨企业、跨行业、跨领域的专业化整合，重点培育一批专精特新企业和单项冠军企业。对外发挥融通带动作用，加大对关键"链环""链辅"企业的支持力度，提高国产产品和服务比重，帮助民营中小企业打破国外垄断，建立和壮大国产产品和服务的生态体系，提升中国企业在全球现代综合交通和城市建设领域产业链的话语权。

未来，中交集团将从保障国家经济建设和发展安全、产业链高质量发展全局出发，突出"锻长板"优势，聚焦"补短板"问题，实现我国现代综合交通领域产业链的安全自主可控，形成先发主导优势，提升国家战略实施、战略反制能力，持续提升核心竞争力和控制力。

第二节 "科技创新领军企业"典型案例分析

习近平总书记强调，科技自立自强是国家强盛之基、安全之要。国资央企要把科技创新作为"头号任务"，打造高质量发展引擎，在新型举国体制中发挥中坚作用。科技创新领军企业正是央企突出创新主体作用，发挥对科技创新要素的支持、引导、吸纳作用，形成创新要素向企业集聚，增强创新动力、创新活力、创新实力的关键所在。各行业都需要科技创新，创新能力在不同行业、不同经营环境也有不同表现。但是，我们研究认为，国资央企的核心功能之一就是增强"战略科技力量"，因此选择了与国家战略科技息息相关的三家企业进行研究。结果表明，这些企业凭借科技创新在全球竞争中获取优势地位，既有自身商业运作因素，更与本国政府的政策支持息息相关。

一、美国太空探索技术公司与美国式科技举国体制

美国太空探索技术公司（以下简称 SpaceX）成立于 2002 年，是美国首个将卫星送入地球轨道的商业火箭发射公司，业务涉及太空运输、低轨道卫星组网建设、运载火箭重复使用等高科技领

域。该公司在 2020 年世界独角兽 500 强企业中排名第三。

SpaceX 的起源与发展一直与美国政府密切相关。冷战结束后，美国民众对军事航天的质疑声音很强，特别是 2003 年"哥伦比亚"号航天飞机事故将民众对美国国家航空航天局（NASA）的不满推至顶峰，美国政府为了保持在航天领域优势地位的同时重塑政府声誉，于是开始通过提供政策保障、技术输入和订单补贴等一系列措施扶持商业航天。SpaceX 正是这一揽子政策的最大受益者，在航天经济领域取得了一系列重要成果。

2005 年，美国对国家航天战略重新布局，推出"商业轨道运输服务"（COTS）计划，旨在开放体系撬动社会资本进入低轨业务市场。2006 年，美国《国家航天政策》进一步明确了商业航天的指导方针，并开启了军用和民用技术与资源的"双向转移之门"，促进国防与经济发展的良性互动。SpaceX 正是借助这些利好政策打开了局面，不仅拿到 NASA 高达 2.78 亿美元的合同，被授予对国际空间站人员和货物的运输权，而且获得了 NASA 源源不断的技术支持和人才输送。在合同执行中，SpaceX 获得海量成熟技术，大大加快了创新发展的步伐。

2008 年，美国政府继续深推 COTS 计划，要求 NASA 将太空运输板块业务通过一次性竞标交给市场化公司，SpaceX 中标并出色地完成了任务。但当年受到金融危机冲击，加之长期高额的研发费用，SpaceX 已濒临破产。鉴于这样的状况，NASA 不但没有另觅合作伙伴，反而于同年 12 月推出"商业补给服务"（CRS），再次向 SpaceX 授予 16 亿美元合同，帮助其度过了危机。与此同时，NASA 还直接把自己的核心技术骨干派驻到 SpaceX，其中包括一批航天业内的顶尖专家，保障了该公司技术研发的成功率和对外融资的能力。此后 10 余年，在美国政府的大力支持下，SpaceX 通过与 NASA 的通力合作和共同努力，积极参与国防空天研发任务，在获得大量技术和资金投入的同时，不断推出创新产品，帮助美国政府将国家航天体系演化成为新的军工和商业的复合体。

2020年8月，SpaceX的"龙"飞船成功运载两名宇航员返回地球，同年11月成功使用"猎鹰9号"火箭将搭载4名宇航员的"龙"飞船送入国际空间站。这标志着美国从此摆脱对俄罗斯联盟号的依赖，成为美国航天事业新的里程碑。2021年初，NASA再次对SpaceX授予发射SPHEREx太空望远镜和月球前哨站相关组件的任务，该任务将进一步巩固美国深空战略地位。美国政府对商业航天的政策支持和SpaceX开展的相应活动如表3.1所示。

SpaceX很好地执行了美国航天产业发展战略，通过商业化方式帮助美国航天业巩固了世界领先的地位，同时也正是美国政府对SpaceX在政策、资本、经验、技术、渠道、专家团队等方面的慷慨支持推动了SpaceX一步步走向成功。

二、洛克希德·马丁空间系统公司创新驱动成就全球军工巨头

洛克希德·马丁空间系统公司（以下简称洛·马）是世界最大的军火商，占据世界防务市场40%的份额，2023年《财富》世界500强排名第199位。洛·马于1995年由洛克希德和马丁·玛丽埃塔两家军工企业合并成立，其前身洛克西德公司创建于1912年，是航空工业的先驱企业。二战期间，洛克希德为盟军共生产了19278架飞机，为人类反法西斯事业作出了卓越贡献。二战后，洛克希德不断推出对美国国防有重要意义的航空产品，特别是在侦察机、歼击机和军用运输机品类中，引领了军用航空工业时代的潮流。近些年，洛·马军品收入占比接近95%，主要是接受美国军方的订货，同时其销售受到美国政府严格管控。

表 3.1 SpaceX 获得政策、资金支持及活动

时间	2006 年	2008 年	2010 年	2011 年	2015 年	2017 年	2019 年	2021 年
政策	COTS 计划、《美国国家航天政策》、《太空行动计划》	CRS	CCDev	《零重力零税收法》《航天现代化投资法》《商业航天法》《商业航天发射法》	《关于促进航天竞争力、推进私营航天创业的法案》《商业航天发射竞争法案》			
资金/美元	2.78 亿	16 亿	7500 万	—	—	不详	1000 万	9890 万
支持部门	NASA	NASA	NASA	FAA、政府	众议院	空军	DARPA、国防部	NASA
战略要求	向国际空间站运输货物	向国际空间站运输货物	实现载人轨道运输	授予飞行器载人轨道许可证书	刺激商业航天发展	勘测卫星	在轨道上组装热核推进系统	发射 SPHEREx 天体物理学任务
成果时间	2008 年	2010 年、2012 年	2018 年、2020 年	2012—2020 年	2015 年、2016 年	2017 年	进行中	进行中
标志成果	卫星送入轨道	猎鹰 9 号将龙飞船送入轨道并成功返回；完成轨道运输货物	猎鹰火箭将特斯拉汽车送入太空；成功载人轨道运输	多次轨道运输货物	将 11 颗商业卫星送入预定轨道，猎鹰 9 号成功陆地着陆；成功海上平台着陆	勘测间谍卫星和高度机密化 X-37B 太空飞机	2018 年 "祖玛"（Zuma）神秘卫星发射升空	发射月球前哨站相关组件

注：根据公开资料整理。

洛·马的发展与美国的国家军事力量息息相关，自二战以来就一直是美国国家战略的"基石"。"为美国设计制造全世界最先进的战机和其他武器"始终是该公司的经营宗旨，并提出了"我们永不忘记在为谁工作"的口号。在最富技术挑战性的航空航天领域，洛·马每一次重大创新都是划时代的，从二战性能最佳的P-38、第一款喷气式战斗机P-80，到当前最先进的四代战机F-22及各类军用卫星和导弹，都是美国强大军事力量的重要标志。

通过并购重组的方式，洛·马不仅快速获得了新业务拓展平台，还跨界整合了多领域技术，为科技创新提供了更大的想象空间。洛·马几次重要并购重组包括：洛克希德于1992年收购了通用电气的军用飞机部门，1993年并购通用动力航空部分，进一步巩固了军用航空工业领先者的地位，为先进战机研发提供更稳定的组织支持；马丁·玛丽埃塔于1993年收购了通用电气的航空部门，以加强自身军用系统的技术基础；1995年，洛克希德合并马丁·玛丽埃塔，使航空技术优势更上层楼，且在航天技术领域补齐了短板，为空天一体技术发展开拓了光明前景；1996年，洛·马收购了劳拉公司的防务电子和系统分部，增强了电子、作战系统和信息技术等核心业务领域的技术基础；2015年，洛·马并购西科斯基公司，获得了直升机领域的领先技术，更有利于发挥整体作战优势。

进入21世纪，美国逐步将"网络中心战"的国防战略付诸行动，洛·马凭借多样的产品线和深厚技术积累为美军提供"一站式"整体解决方案，承担系统协调中心的任务，进一步提高了国防科技系统的集成能力。2004年，洛·马受托为美国集成战略规划与分析网络（ISPAN）构建新的架构及功能，使该系统支持全球打击、导弹防御和信息作战的规划，使美国战略司令部能够实时监控全球局势，与区域作战指挥官协调规划和支持快速响应的执行。从此，洛·马将研究重点向信息装备、信息融合技术偏移，着力开发快速任务计划与作战管理系统。2005年4月，在臭鼬工厂基础上，洛·马成立了专门为网络中心战提供解决方案的创新中心，服务于多个武器平台的系统，特别是联合任务系统。该系统是洛·马联合波音、雷神、联合技术等众多合同方，发挥各自优势共同研制的底层综合服务平台。洛·马的创新管理是一个极其高效的系统：精简的团队在卓越领导人的带领下，在高效管理原则的指引下，在先进创新工具的辅助下，又有源源不断的外部科技创新资源注入，创新效率得以大大提高，成果源源不断产出。

美国政府以洛·马为重要支撑实现了国防科技战略的布局，有效扩大了国际影响力，推动了经济发展。洛·马也离不开国家的大力支持，美国政府对洛·马相关试验设施和项目的投资额相当巨大，美国军方产品订单也是支撑其世界第一军工企业地位的重要支柱。先进军工企业是国家综合实力的最重要的组成部分，洛·马的影响力远非单纯的商业方面，其对于世界政治经济格局都有相当大的影响，无论将先进武器卖给或送给谁，都会引起国家（地区）实力配比发生重大变化。先进武器造成的巨大威慑，会带给武器输出国无可匹敌的国际政治优势。可以说，美国称霸世界的实力相当一部分是洛·马提供的。反观洛·马科技创新方面的重大成就，也离不开美国军方的大力支持。美国对洛·马投入大量资源，派驻了大量专家开展联合研究，还动用国家力量对其军贸业务大加扶持。可以说，美国军方和洛·马之间形成了一种互动式的良性创新系统，洛·马科技创新成果源源不断产出，与美国国家影响力节节攀升相得益彰。

三、中国中车集团有限公司的高铁自主创新之路

中国中车集团有限公司（以下简称中国中车）成立于

2015年，由南车和北车两家公司合并而成，前身是20世纪80年代成立的铁路机车制造车辆总公司。20世纪初，中国中车不断吸收西门子、川崎重工等国际领先企业技术，逐步实现向自主创新、开放创新和协同创新的转变，持续完善技术创新体系，不断提升技术创新能力，建设了世界领先的轨道交通装备产品技术平台和制造基地，以高速动车组、大功率机车、铁路货车、城市轨道车辆为代表的系列产品，已经全面达到世界先进水平，能够适应各种复杂的地理环境，满足多样化的市场需求。

以中国中车为基础，中国轨道交通装备制造业初步建设了相对完善的、具有一定国际竞争力的技术创新体系。中国中车拥有的高速列车系统集成国家工程实验室、动车组和机车牵引与控制国家重点实验室、国家重载快捷铁路货车工程技术研究中心、国家轨道客车系统集成工程技术研究中心等11个国家级研发机构和覆盖主机制造企业的19家国家级企业技术中心为主体的产品与技术研发体系，奠定了轨道交通装备行业国家技术与产品创新体系的基础，形成了强劲的国际竞争力。9家海外研发中心、50个省部级研发机构、一批专项技术研发中心充分发挥作用，在轨道交通装备核心技术突破，产品技术开发等方面取得了丰硕成果。中国中车产品技术研发体系基本涵盖了从嵌入式底层软件技术到应用级控制软件技术，从基础技术、行业共性技术到产品关键技术，从系统集成技术到产品工程化实现技术的全技术链，从芯片到板卡，从零件到模块、部件，从系统到整机整车的全产品链，基本形成了设计分析、计算仿真、试验验证、检验测试、信息情报、创新管理等技术创新保障能力，能够满足中国轨道交通装备制造行业技术产品发展需要。

近年来，中国中车不断加强轨道交通装备基础技术、核心技术、共性技术研发，围绕重要系统、关键部件产品，在高端轨道交通移动装备系统集成技术等方面，取得了一系列重要基础性应用研究成果和前瞻性技术阶段性研究成果。在轨道交通装备技术标准体系建设中积极发挥作用，初步形成了国际先进的轨道交通装备产品技术标准体系。中国中车主持或参与起草或修订国际标准 70 余项、国家标准 200 余项、行业标准近 1000 项。加强以专利为重点的知识产权工作，拥有专利量以每年 26% 的速度快速增长，专利质量持续提升，以专利为重点的知识产权保护体系正在形成。初步建设了相对完善、覆盖技术创新工作全过程的技术创新管理体系，保障充足的资金、物质投入和满足要求的创新人才。中国中车年度研发经费保持 8% 左右的快速增长，技术投入比例保持 5.6% 以上，保证了技术创新能力的持续快速提升。上述工作使中国轨道交通装备国际竞争力极大提升。

"一带一路"倡议的提出为我国企业参与国际竞争，开展国际化经营提供了良好机遇，质优价低的中国高铁已成为国家的"黄金名片"。中国中车以向世界奉献中国铁路机车车辆产品为己任，产品出口遍布世界上 100 多个国家和地区，与海内外朋友建立了平等互利的友好联系，实现了产品从批量出口到技术输出、资本输出、服务输出的跨越。海外目标市场由发展中国家向发达国家拓展，出口产品种类由单一性向多元化、个性化方向发展。出口理念从产品"走出去"到产能"走进去"、品牌"走上去"方向延展。公司不断加快国际化经营，努力提升整合全球资源、应对全球竞争、满足全球需求的能力，已具备成为世界一流企业的基础性条件。

中国中车业务和技术创新始终与国家战略紧密结合在一起，业务随着国家经济蓬勃发展、大规模基础设施建设和"一带一路"建设蒸蒸日上。在"十四五"时期，党中央要求深化国有经济的布局优化和结构调整，要把国有资本更多投入到关系国家安全、国计民生、国民经济命脉的重要领域，投入到需要国有企业更好发挥控制力、影响力的关键领域。与之相适应，中国中车正围绕国家战略需求和产业发展规划，稳步推进业务扩张和科技创新活动。

第三节 "'专精特新'冠军企业"典型案例分析

稳定产业链，要打通供应链、协同上下游，保持我国产业链供应链的稳定性和竞争力。"专精特新"冠军企业是在产业链的关键环节具有重大影响力的企业。要发挥固链补链强链作用，解决"卡脖子"难题进而在整个供应链上发挥主导作用，需要大力培育这种类型的企业。我们对三家"专精特新"冠军企业的案例研究表明，这些企业在行业发展进程中，卡住了产业链上的关键生态位，经过不断研发而巩固优势。因此，我们要特别注意研究战略性新兴产业，发现其中的"专精特新"种子企业并大力培育。

一、荷兰阿斯麦公司从破产边缘到光刻巨人

荷兰阿斯麦公司（以下简称 ASML）是全球最大的半导体设备制造商之一，主要向全球复杂集成电路生产企业提供领先的综合性关键设备，是欧洲人均科研经费排名第二的高科技公司。ASML 为半导体生产商提供光刻机及相关服务，目前全球绝大多数半导体生产厂商，都向 ASML 采购 TWINSCAN 机型，比如英特尔（Intel）、三星（Samsung）、海力士（Hynix）、台积电（TSMC）、中芯国际（SMIC）等。在极紫外光领域，该公司处于垄断地位，一台高端设备在市场上可以卖几亿欧元。

ASML 的前身可追溯至荷兰电气工业巨头飞利浦的物理实验室（Natlab）以及半导体和材料部（Elcoma），很大程度上，ASML 光刻机就是老牌电气企业飞利浦引进新技术而拓展出的新业务。20 世纪 60 年代，飞利浦追随美国进入半导体产业，从生

产晶体管逐步转向制造集成电路。为了高效制造集成电路，飞利浦需要更快的方法制作接触式掩模，而当时该公司所用的美国光刻机既不够精准，又耗费人力，这促使飞利浦决定自己制造光刻机，由半导体和材料部负责制造电子元件，由物理实验室负责协助。飞利浦能够下决心自主研制光刻机，源于其在电气化与机械制造领域均有技术积累，而光刻机恰好是一种机电结合的产品，长期技术积累是飞利浦敢于研制光刻机的基本条件。1984年，ASML从飞利浦独立出来，通过持续的技术研发和产业链整合，逐步垄断了全球的高端光刻机市场，但在很长一段时间里，由于高额的研发费用，这家公司长期濒临关闭的边缘，依赖政府补贴而非市场盈利来维持，这表明战略性新兴产业离不开长期高强度的研发投入。

　　ASML善于利用已有的制造业生态体系并形成自己的生态体系，是其成功的重要保障。一方面，ASML在与用户的交流合作中改进技术，提升制造水平，并与关键用户实现了共同壮大的协同演化。制造业的技术创新具有渐进积累的特征，经验的积累往往需要大量的实践，并不断对已有产品的设计与工艺进行改进，从而提升制造水平，因此能提供经验积累机会的用户至关重要。对ASML来说，最大的关键用户是台积电。1988年底，台积电的工厂遭遇火灾，急需一批光刻机，只能向ASML订购，而正是这笔订单使ASML首次盈利。此后，双方的关系逐渐深化。在台积电推动形成的新的产业生态系统中，ASML作为台积电的设备供应商，依托台积电的规模优势而同步壮大。另一方面，ASML寻找并培育了自己的零部件供应商，与供应商一起实现了共同提升的协同演化，形成了以自身为中心的生态体系。如ASML最为关键的供应商是德国的世界一流光学企业蔡司，蔡司能够制造ASML不能生产的光学元件，保障了ASML光刻机的光刻精度。正是在为ASML光刻机供货的过程中，蔡司推行了制造方式的变革，引入数控机床和机器人等自动化系统代替手工，实现了扩产。ASML 促进了其供应商的成长，反过来又保障了 ASML 光刻机的高精度与高性能，两者相得益彰，共同强化了市场竞争力，为追赶者设置了极难逾越的进入壁垒。

ASML 成功的关键可概括为：保障创新主体持续进行高强度投入的同时，完善制造业生态体系，使半导体设备制造业与上下游产业协同演化，共同进步。需注意的是，半导体设备制造业仍然遵循制造业演化的诸多一般性规律，例如，技术的积累与传承，研发模式的优化，勇于挑战的企业文化的营造，依然是相关企业最基本的成长机制。ASML 崛起的过程中也存在不同技术路线的竞争，曾经领先的技术范式在短时间内被取代，从而导致曾经的领先者急剧落败。因此，追赶者应该关注并探索不同的技术方案，积极寻求摆脱领先者技术轨道束缚的可能性，实现具有战略意义的突破性创新。

二、瑞典滚珠轴承制造公司产业链与创新链深度融合

瑞典滚珠轴承制造公司（以下简称 SKF）成立于 1907 年，为全球最大的轴承生产商，专注于开发、设计和制造轴承、密封件和润滑系统，其轴承产量达全球同类产品总产量的 20%。SKF 每年生产 5 亿多个轴承，销售网遍布全球。目前拥有 200 家分公司、80 家制造厂、41000 名员工。SKF 亦持续致力于轴承工业的研究与发展，平均每两天就有一项新的专利问世。历经上百年的发展，目前 SKF 业务遍布全球 130 多个国家和地区，在世界范围内拥有超 17000 家代理商和经销商网点，建立起规模庞大、体系完整的商业帝国。SKF 的企业发展从始至终都紧紧围绕创新和产业链的建设，实现产业链的不断发展和完善。

百年来 SKF 坚持创新，投入巨大力量进行技术研究和产品开

发，不断取得各种发明与创造，在轴承技术领域开创新标准，向轴承市场推出新产品。建立研究实验室、研究中心和工程学院，结合其自身在该领域内拥有的广泛经验，帮助 SKF 拥有着发展、制造及应用各类先进工程产品至关重要的知识与专长，为创新提供助力，"SKF 探索者轴承"系列产品、"综合维护解决方案"等创新为建立和提升市场竞争力护航。为满足客户不断发展的需求，积极创新改善发展自身产品，SKF 壮大了工厂、研发等一系列相应的配套机构。依托强大的创新能力，SKF 从丰富经营产品种类、扩充专利库、扩大经营规模和市场等角度持续发力。产品从最初的调心轴承，逐步拓展至调心滚子、球轴承、滚子轴承、圆锥滚子轴承等各种类型的轴承产品，小者如仅重 0.003g 的微型轴承，大致每件 34t 的巨型轴承都能生产。此外，SKF 也提供一系列的轴承维修工具、油脂及轴承监测仪器，力求令轴承用户获得更高效益，实现有保障运转。

SKF 规模的扩张依托自行建立和投资并购双管齐下的方式，相继自行建成先进球轴承和滚动轴承工厂，合资建立球面滚子轴承制造和销售公司，共同出资组建密封件制造公司等；相继收购奥地利斯泰尔滚动轴承公司、轴承状态监测设备生产商 Palomar Technology International Inc.（重新命名为 SKF Condition Monitoring）和美国油封件生产商 CR 等实现经营规模的扩大。为抢占更大市场份额，SKF 先后收购了美国市场的同业竞争对手 Kaydon 公司实现北美市场的扩张，收购世界领先磁浮轴承 Edwards 的子公司 S2M 实现磁浮轴承业务范围的扩充，收购通用轴承公司实现产品线的补充和发展。

SKF 通过整合产业链，实现了从研发、生产、营销、服务出发实现系统化和高效化，进而建立起完整、完善的产业链条，成功构筑起宽广的企业护城河。SKF 的产业链长度扩展从产业链的前向拓展和后向扩张展开。通过产业链的前向拓展来保证产品的质量，从原料入手，收购 Hofors Bruk 等轴承用钢厂商，并将其打造成特殊钢行业的领先制造者，开发出领先世界的纯净钢生产工艺。通过产业链的后向扩张完善服务，SKF 首先自食其力委派代理商、设置代表处、设立经销点、成立配送中心和成立销售公司搭建起 SKF 的完整营销和服务系统；顺应时代发展，近年收购以大、小齿轮解决方案，以及磨削领域专长著称的工程服务公司 Hofmann Engineering North America，为配套和后市场业务带来发展；并购校准技术解决方案提供商 GLOi 公司，依托其专业技术帮助 SKF 加快对中和状态监测产品的销售周期。顺应时代要求，致力于加速其在业务和服务数字化、工业物联网及人工智能领域的转型，以更智能、清洁和数字化的方式演进为一家知识、技术和数据驱动的企业，SKF 基于对产品质量的把控和对时代发展趋势、技术发展方向的把握，不断延伸产业链的长度。

SKF 深耕产业链建设，长达百年间的合作、收购、发展历程，就是一个不断吸收新技术、整合资源和扩张的过程，同时也是一个不断优化组合的过程，实现了在时间维度下的自身主动的迭代发展，构建起规模庞大、联系密切、连接稳固的产业链条，也因此始终保持自身的领先，不断巩固和提升自身的市场份额。

三、万华化学改革创新成就"涅槃重生"

万华化学集团股份有限公司（以下简称万华化学）是一家以化工新材料为主业的地方国有企业，是国有企业改革创新的典型代表。1995 年，作为全国百家建立现代企业制度试点企业之一，原烟台合成革总厂由工厂制改为公司制，成立万华集团合成革集团有限责任公司。经过多年创新发展，今天的万华化学已成为全球技术领先、产能最大、最具综合竞争力的化工原料异氰酸酯（MDI）供应商，拥有世界级规模、工艺先进、配套完整的石化产业链，在海内外建立了六大研发基地、七大国家级创新平台、

150多个装备先进的实验室，自主开发并完成重大科技成果转化100余项，获得国家科技进步奖一、二等奖等国家科技奖励7次，是中国唯一一家同时拥有MDI、TDI、ADI全系列异氰酸酯制造技术自主知识产权的企业。2018年6月13日，习近平总书记在视察山东时来到万华烟台工业园。当得知企业走出一条引进、消化、吸收、再创新直至自主创造的道路，技术创新能力从无到有、从弱到强，成为全球异氰酸酯行业的领军者时，习近平总书记十分高兴地说，"谁说国企搞不好？要搞好就一定要改革，抱残守缺不行，改革能成功，就能变成现代企业"，鼓励企业一鼓作气、一气呵成、一以贯之，朝着既定目标奋勇向前。2023年，万华化学入围全国"创建世界一流示范企业"7家地方国企之列。总结万华化学的发展之路，可以说"市场+改革"使万华焕发活力，"改革+创新"则让万华变得日益强壮。

第一，不断健全完善市场化经营机制。一是深化三项制度改革，真正做到了干部能上能下、员工能进能出、收入能增能减。例如，万华化学将员工年度绩效考核评分定为1~5分，每25人以上的团队，每年至少有1人的打分不得超过2分。对于得分较低的员工，他们会制订改进计划或进行劝退。此外，每年还会对员工进行"360度"考核，由上级、平级、下级人员进行综合打分及民意评测，考核结果将直接影响员工的职级和职务晋升。二是打通职业上升通道，为企业的持续发展提供了源源不断的动力。针对研发人员、一线生产操作人员、生产工程师等不同岗位，设立了与管理序列并行的专业序列，为不同序列人员设立相应的晋级路径、津贴待遇及配套的培养体系。管理序列与专业序列的晋升采用同等考核标准，相互之间可随时进行身份转换，打破了晋升的天花板。近年来，万华化学通过技术序列聘用了多名研发科学家和首席技术专家，享受高管待遇，这极大地提升了非管理人员的积极性和创造性。三是强调市场化薪酬的"正激励"，坚持制度化"负激励"。引入外部咨询机构，采用专业化的岗位价值评估工具对公司所有岗位进行系统化评估，建立起有竞争力的市场化薪酬体系。实施精准激励，将部门及个人奖金与公司经营目标挂钩，通过更有针对性的组织及个人绩效考核，拉大绩效差距，确保激励效果。同时，针对化工安全生产特点，推行以安全管理为主导的"负激励"，设定《万华十大不可违背条例》安全生产高压线确保制度"带电"。

第二，持续研发投入和有竞争力的科技创新激励机制。1998年年底，万华化学成立后，便立即实施了"创新工程"，通过规定技术成果按盈利比例提成奖励的方式，鼓励技术创新。1999年5月，万华化学进一步出台了《技术创新奖励办法》，明确规定技术创新的新产品，自盈利之日起连续5年净利润的15%将作为奖励给予个人，技术改造当年所产生盈利的20%～30%也将作为奖励给予个人。万华化学在创新上的投入一直持续不断，且在行业内堪称大手笔。公司每年都会将销售收入的4%～5%用于研发，即使在经历了2008年金融危机后，2009年万华化学的科研经费不减反增600万元。近几年的投入力度更是持续加大，2022年研发投入高达34亿元。除了大规模的研发投入，万华化学还形成了完备的研发体系和激励机制。在万华化学，同级的科研人员收入普遍比管理人员高，有的科研人员收入甚至超过高管。公司允许科研人员有20%的时间和研发经费用于自由选择的研发方向，这包括材料费、外出考察支出费用等方面。更为难得的是，公司每年专门拿出1000万元用于支持那些"没有直接经济效益"的基础研究。在这样的创新土壤下，各类人才得以在万华化学脱颖而出，使得公司有能力在核心技术上实现接力突破，并带动聚氨酯工业不断向前发展。

第三，"赛马不相马，有为就有位"的人才管理理念，努力营造风清气正、干事创业的良好氛围。在人才选拔方面，公司一直坚持"亲属回避"制度，严格把控人员入口关。自 2010 年起，规定本单位职工夫妻、直系血亲、旁系三代内血亲、近姻亲等亲属一律不得进入企业工作，确属高学历、工作需要并作为专业人才引进的，一律要经总裁办公会研究决定。在市场化招聘方面，万华化学设立了毕业院校级别、CET-4/6 最低分数、高考最低分数、岗位工作年限等招聘红线，以确保招聘人员的素质和水平。同时，万华化学注重在理念和机制上培养员工的主人翁意识，使员工与企业共同进退、共存亡。这主要体现在员工持股计划上，万华化学早在 2005 年就实行了员工持股计划，2018 年利用整体上市机会，对员工持股平台作了进一步调整，建立了规范的股权内部流转和退出机制。同时，在制度中设置了员工股权不可上市套现的防火墙，以保障公司的长期稳定发展。公司成立了两家员工持股公司，各占公司总体股份 10% 左右，职工持股公司持有上市公司股份，职工个人不直接持股，只是享有分红收益和净资产升值收益。这一举措将员工利益与企业利益长期绑定在一起，形成了"事业共同体"，进一步增强了员工的归属感和责任感。

万华化学作为国有企业改革的见证者和参与者，经历了从探索到嬗变再到涅槃重生的历程，展现了国有企业发生历史性变化的生动缩影。如今，万华化学已经发展成为我国民族工业的杰出代表、国有企业改革的成功范例。万华化学的"科研生态圈"如同根深蒂固、枝繁叶茂的大树，承载着"突破—应用—优化"的完整循环。这是万华人求解"创新方程式"形成的方法论：持续进行基础以及前沿探索性的科学研究，犹如大树之根，深植地下；通过技术创新实现科研应用和产业化，犹如大树主干，茁壮成长；根据市场需求快速进行技术改造升级，犹如大树枝叶，快速生发。可以说，创新的基因已融入万华人的血液里，推动万华人一路奔跑、一路赶超。万华化学在创新方面的持续投入和卓越表现，得益于公司对科研生态圈的精心打造。这个生态圈不仅为其提供了源源不断的创新动力，还孕育出了众多优秀的科研人才和成果。正是这种创新的基因和强大的科研实力，使得万华化学在聚氨酯工业领域不断取得突破和进步，为我国民族工业的发展作出了重要贡献。

第四节 "基础保障骨干企业"典型案例分析

基础保障骨干企业要在国防军工、能源资源、粮食供应、战略性储备、骨干网络、枢纽型基础设施和新型基础设施等方面发挥好基础保障作用。在当前复杂的国际竞争环境中，我国需要把安全发展贯穿国家发展各领域和全过程，防范和化解影响我国现代化进程的各种风险，筑牢国家安全屏障。如果说，行业产业龙头企业的关键是协同整合资源在世界市场开展活动，那么基础保障骨干企业则更多聚焦国内，优先保障本国安全。

一、房利美和房地美——美国房地产市场的稳定器

房利美和房地美（以下并称"两房"）分别是联邦国民抵押贷款协会和联邦住宅贷款抵押公司的简称，是受美国政府赞助的两家最大的企业，在2023年《财富》世界500强中分列第75位和133位。"两房"主要业务是建立维护美国房地产贷款的二级市场，从抵押贷款公司、银行和其他放贷机构购买住房抵押贷款，并将部分住房抵押贷款证券化后打包出售给其他投资者，从而盘活银行资产的流动性。"两房"是由美国政府设立、国会特许经营的特殊营利机构，运营依靠国家政策扶持，还肩负着帮助美国中低收入者购买住房，以及为美国房地产市场提供和调节流动性的职能，常被称为"第二美联储"，因此是严格意义上的国有企业。

20世纪30年代，经济大萧条严重打击了美国房地产市场，流动性严重不足，当时的美国政府推行"新政"的最重要战略目

标之一就是实现"居者有其屋"。为更快推进这一目标，美国政府于 1938 年将联邦政府相关机构转为国有企业，房利美由此成立。在创立后的 30 年间，房利美获得大量优惠政策扶持——不用向地方政府纳税、资本回报要求基本等同于国债，债券因获得国家背书被评定为安全等级最高，并由此取得了美国抵押贷款二级市场的绝对垄断地位。1970 年，随着美国新政目标基本实现，美国政府重组房利美，将其改制为一家上市公司，并通过《联邦住宅贷款抵押公司法》特设了另一家上市公司房地美，以终结房利美的绝对垄断地位，在房地产抵押贷款二级市场形成竞争格局。

此后 30 余年时间里，美国政府为促进房地产市场和相关金融市场的繁荣，支持"两房"不断扩大业务规模，通过大量购买银行住房抵押贷款提高房地产市场流动性，使美国成为房地产抵押贷款规模最大的国家，为国家经济快速发展提供了巨大动力。在此期间，"两房"利润超过了全美十大商业银行的总和，曾连续 17 年增长高达两位数。但与此同时，为加快业绩增长，"两房"不断发行以房地产为抵押品的 MBS 债券和相关衍生品，逐渐成为华尔街使用衍生工具最多的两家公司，这种做法严重放大了财务风险。

2008 年，次贷危机爆发，"两房"相继爆出财务亏空，导致危机进一步加剧，美国三大股指随之暴跌。为控制局面，抑制危机蔓延，2008 年 7 月底，美国政府对房利美和房地美注资 3000 亿美元，这是当时美国政府为解决次贷危机而采取的最大规模的一次行动。但是，美国政府对两房的救助并未阻止房地产市场环境的恶化。2008 年 9 月，美国财政部和联邦住房金融局宣布，美国政府接管陷入困境的"两房"，"两房"重新成为国有企业。

"两房"退市并被收归国有后，在政府监管下改变了激进的经营策略，稳步开展业务并逐年弥补亏损。2020 年初，新冠病毒感染疫情暴发，给美国房地产金融带来极大的系统性风险。2020年3月，美国联邦住房金融局宣布，在为受疫情影响的贷款者宽限还款时间的基础上，"两房"将暂停对房贷逾期者抵押房产的赎回、司法拍卖以及住户驱逐，同时通过"两房"积极干预下调抵押贷款利率，2020年5月中旬，美国30年期固定利率抵押贷款的平均利率已降至3.09%。美国政府通过"两房"实施的政策对经济社会稳定具有很大的意义，维系房地产市场运转的同时，避免了失业人群因无力支付房贷被扫地出门，从而激起更大的社会矛盾。

美国政府通过设立"两房"调控房地产信贷市场，确保居民能买得起住房，有效实现了"居者有其屋"的战略目标。但随着私有化的步伐，政府监管放松，"两房"风控意识逐渐淡漠，导致在次贷危机中濒临破产，并引发经济动荡。美国政府重新将其收归国有后，指导"两房"重新步入健康的发展轨道，并在疫情冲击下充当了有力的政策工具。

二、荷兰皇家壳牌石油公司——国家支持下的能源巨头

荷兰皇家壳牌石油公司（以下简称壳牌）是一家国际能源和化工集团，也是目前世界第一大石油公司，石油和天然气年产量约占全球总额的十分之一，2023年《财富》世界500强排行第9位。壳牌的前身皇家荷兰石油公司曾获得当时荷兰女王授予的特许经营权，于1890年成立。1907年，英国壳牌运输和贸易公司与皇家荷兰石油公司合并，分别以40%和60%的持股比例共同创立了壳牌。迄今为止，壳牌为英国和荷兰两个最老牌的资本主义国家在全世界范围内获取了大量资源和经济利益，虽然其股权已分散在荷兰、英国、法国、美国等多个西方国家，但荷兰皇室和英国皇室仍是壳牌的大股东，并在很大程度上代表着两国的国

家利益。

自合并创立起,壳牌就是英国、荷兰殖民战略的缩影。随着英国在全世界影响的扩大,壳牌进入快速扩张期,在欧洲和许多亚洲国家扩展业务,并在俄罗斯、罗马尼亚、委内瑞拉和北美开采和炼制石油。壳牌是推动石油工业蓬勃发展的先驱之一,公司油品质量在市场上得到广泛认可。当时许多汽车竞赛使用的都是壳牌产品,树立了公司良好的品牌形象,也成为英国高质量工业的代表。

一战时期,英国政府充分发挥壳牌的作用,将其作为英军的主要燃料供应商,并将壳牌所有船只提供给英国海军部作为战舰。一战后,随着汽车工业的发展,壳牌的业务也在快速扩张。航空工业的发展推动壳牌改进了炼油技术,开始大量生产航空汽油。二战时期,壳牌再次为国效力,在美国的炼油厂大量生产航空燃料,支持盟军的空中力量。壳牌公司许多员工积极参军作战,甚至成为王牌飞行员和战斗英雄。壳牌还发挥自身的专业科研优势,在燃料和化学研究方面取得了重大进展,为盟军新型喷气式飞机提供了燃料。不难发现,在战争等极端环境下,壳牌这样的大型企业不仅是国家的"利器",更是其"底气",战争胜利很大程度上得益于这些企业的助力。

二战后,壳牌进入了一个艰难时期,不仅重建费用巨大,且主要发达国家经济萎靡,对能源需求并不旺盛。最重要的是战前国际秩序崩塌,英国由于殖民地纷纷独立,国际影响力大幅缩减,导致壳牌丢掉了很多海外利益,甚至在印度尼西亚等国的油矿都被所在国收回。随着美国崛起,埃克森美孚等公司迅速扩张,壳牌面临更加激烈的竞争。在英国、荷兰的支持下,壳牌迅速用新的模式继续在海外开展业务,即使向所在国缴纳大量税金和土地使用费,也仍然坚持在东南亚、中东和非洲国家开展业务。这在一定程度上维系了英国、荷兰的海外利益,并随着能源市场回暖获得了可观的利润。

20世纪80年代起，石油价格剧烈波动，壳牌公司在国家支持下通过大规模并购等活动，实现了企业业务多元化发展，并在钻井技术、勘探技术、生物化学技术上均取得了突破。特别是随着3D震动勘探技术和液化气技术的发展，壳牌成功将业务拓展至70多个国家和地区，经营规模日益扩大。2005年，壳牌为进一步整合公司进行了大规模组织结构调整，并于2017年在英国政府支持下成功并购BG集团，对国际能源市场的控制力显著增强。壳牌的成功，也使得国土面积狭小的英国、荷兰仍然占据世界能源"强国"的地位，石油化工工业也成为荷兰领先世界的重要产业。

壳牌自成立起，就是英国、荷兰海外战略的重要支撑，成为两国在全世界能源领域利益的代理人。壳牌随着英国、荷兰两国的起伏不断调整发展，至今仍然有着巨大的国际影响力。在漫长的历程中，壳牌向世界输出的不仅是英国、荷兰两国的经济影响，还有文化和价值观，对国际商务秩序产生了深远影响。

三、国家电网——推进电网建设保障国家能源电力安全

国家电网有限公司（以下简称国家电网）成立于2002年，以投资建设运营电网为核心业务，是关系国家能源安全和国民经济命脉的特大型国有重点骨干企业，也是全球最大的公用事业企业。公司经营区域覆盖中国26个省（自治区、直辖市），供电范围占国土面积的88%，供电人口超过11亿人。2023年，国家电网在《财富》世界500强中排名第3位。国家电网坚决贯彻党中央、国务院决策部署，深化体制机制改革，积极有效抗击新冠病毒感染疫情，在助力"六稳""六保"和国家重大战略中彰显了"大国重器"担当，决战脱贫攻坚，助力乡村振兴，决胜全面小

康，全力保障和改善民生，持续优化营商环境，大力推进提质增效，助力打赢蓝天保卫战和污染防治攻坚战，促进稳边固边战略实施，推动国家电网高质量发展。国家电网战略如图3.1所示。

- 能源网架体系
- 信息支撑体系
- 价值创造体系

能源互联网"三大体系"

具有中国特色"五个明确"

具有中国特色国际领先的能源互联网企业

国际领先"六个领先"

- 明确以习近平新时代中国特色社会主义思想为指导
- 明确坚持党的全面领导
- 明确坚持以人民为中心的发展思想
- 明确走出一条中国特色的电网发展道路
- 明确走中国特色国有企业改革发展道路

- 经营实力领先
- 企业治理领先
- 核心技术领先
- 绿色发展领先
- 服务品质领先
- 品牌价值领先

图 3.1 国家电网战略

国家电网积极落实国家能源战略，秉持安全、优质、经济、绿色、高效的电网发展理念，持续推动电网高质量发展，通过特高压网络布局不断完善，加速各级供电网络协调发展，提升能源资源配置能力，坚持创新驱动，激发内生动力，提升电网智能化水平，逐步完善应急管控体系，提高应急处置能力，全力保障大电网安全运行。

在推动电网高质量发展方面，国家电网不断完善特高压网络，不仅全面突破了特高压技术，近年来还构建了完善的特高压试验和研究体系，率先建立了完整的技术标准体系，自主研制成功了全套特高压设备，实现了从中国制造到中国创造再到中国引领的跨越发展。2020年，国家电网建成投运8项国家重大工程，华北、华东特高压主网架基本形成，华中特高压主网架加快推进，东北、西北主网架不断优化，西南川渝藏形成独立同步电网，电网能源资源配置能力持续提高。全面突破柔性直流电网核心技术，为破解新能源大规模开发利用的世界难题提供中国原创解决方案，创造了12项世界第一。加强数字基础设施建设，发布物联网边缘计算接口技术等10项企业标准，加快检测平台建设。推进数字化表计、一键顺控等技术在12座智慧站应用，开展数字化换流站三级全域集中监控和技术支撑平台建设。打造输电线路示范工程，完成29条智慧输电线路建设。

在大电网保持安全稳定运行方面，国家电网始终把安全工作摆在首位，狠抓安全，夯基固本，保持大电网安全稳定运行。加强重要输电断面和输电通道监控，动态优化电网运行方式，保持特大型电网安全稳定运行最长纪录。全力以赴应对自然灾害。近年来，受经济增长和极寒天气叠加等因素影响，国家电网经营区电力负荷和用电需求快速增长，面对极寒天气、电网大负荷等考验，迅速出台举措，强化对供水、供热、供气等涉及民生的重要客户的供电保障，强化跨省区电力支援，落实需求侧管理措施，千方百计保障电力可靠供应。国家电网各单位还合理安排电网运行方式，加强电力设施运行维护和重点线路巡查消缺，多措并举确保电网安全稳定运行和电力可靠供应。

国家电网积极参与"一带一路"建设，秉持可持续发展理念，坚持长期化、市场化、本土化经营，在电网互联互通、境外投资运营、国际产能合作、国际标准制定等方面取得了丰硕成果，同时积极促进国际人文交流、文化融合，为民心相通发挥了重要作用。仅2020年度，国家电网累计建成10条跨国输电线路，国际工程承包、装备出口合同额累计超过460亿美元。"一带一路"中巴经济走廊重点项目巴基斯坦默蒂亚里—拉合尔±660kV直流输电项目输电工程全面启动带电，承建的缅甸北克钦邦与

230kV 主干网连通工程竣工，中俄电力交易电量超过 330 亿 kWh。

20 多年来，国家电网持续创造全球特大型电网最长安全纪录，建成多项特高压输电工程，成为世界上输电能力最强、新能源并网规模最大的电网，专利拥有量连续 10 年位列央企第一。国家电网投资运营菲律宾、巴西、葡萄牙、澳大利亚、意大利、希腊、阿曼、智利和中国香港等 9 个国家和地区的骨干能源网，连续 17 年获得国务院国资委业绩考核 A 级。

第四章

打造"四类企业"的国资央企实践

中央企业在打造"四类企业"上负有重任,国有资本投资、运营公司和产业集团公司都是管资本的重要平台、工具和载体,是国有经济"四类企业"的孵化器。本章通过梳理三大主体在推动"四类企业"发展过程中的实践经验做法,为通过组建国有资本运营公司或投资公司,设立国有资本风险投资基金、核心技术研发投资公司等方式打造"四类企业"提供经验借鉴。

第一节 国有资本运营公司的实践探索

一、中国国新创新资本运营服务实体经济

中国国新控股有限责任公司(以下简称中国国新)2016年初被国务院国有企业改革领导小组确定为国有资本运营公司试点。中国国新围绕国务院国资委工作要求,聚焦试点目标和功能定位,充分发挥国有资本市场化运作专业平台作用,积极探索"资本+人才+技术"轻资产运营模式,逐步形成了5大业务板块和1个服务保障平台,即"5+1"业务格局,如图4.1所示。

图 4.1　中国国新业务布局图

作为试点央企，中国国新强调资本运营必须高度契合国家战略，牢牢聚焦进入实体产业的国有资本，以虚活实、以融促产。中国国新的投资不仅仅盯着财务回报，而是贯彻落实国家发展战略中不断寻找资本运营的结合点和着力点，为此明确提出了"五个守住"的企业经营策略，即守住轻资产运营模式、守住财务型投资为主、守住国新投资生态圈、守住产业链高端、守住关键核心技术"卡脖子"环节。"五个守住"充分体现了中国国新作为资本运营领域国资央企的责任担当。在这一经营策略的指导下，中国国新发挥自身作为国有资本运营公司的独特优势，整合、引领、带动各类资本进入实体经济，为助力打造"四类企业"贡献了重要力量。

在打造"行业龙头"企业方面，中国国新立足于自身国有资本运营专业平台功能，围绕着深化国资央企重点领域改革的国家战略，发挥自身在国有资产管理方面的专业优势，助力多家行业龙头型中央企业的改革升级。一是聚焦股权多元化改革，推动行业龙头型中央企业完善中国特色现代企业制度。例如，中国国新积极参与国药集团股权多元化改革，充分发挥自身专业优势，深度参与试点方案制定，帮助国药集团完善公司治理，强化企业市场主体地位，形成了产融协同的良好局面。二是聚焦供给侧结构性改革，支持行业龙头型中央企业进行资源整合、有效化解过剩产能。中国国新与中煤集团合作对煤炭行业进行资源重组。中国国新主导重组整合、资本运作和产能处置；中煤集团负责被整合的煤炭企业的生产经营、安全生产。截至 2019 年年底，先后整合 9 家中央企业的煤炭业务，涉及煤炭产能 2.5 亿 t，有效提高煤炭行业的集中度和运行效率。三是聚焦降杠杆、减负债，帮助暂时陷入困境的行业龙头型中央企业卸下发展包袱。例如，中国国新参与了中国重工的债转股项目，使这家造船龙头企业资产负债率和利息支出显著降低，重新焕发活力。四是聚焦核心技术，助力行业龙头型中央企业开展科技创新。中国国新组织公募基金发起建立央企创新驱动交易所交易基金（Exchange Traded Fund，ETF），募集资金达 426.62 亿元，有力地支持了央企科技创新。

在打造"创新领军"企业方面，中国国新积极发挥运营公司机制灵活、契合企业创新需求的特点，重点支持国资央企深化改革，助推开展科技创新、促进科技成果产业化、突破重点产业发展瓶颈，推动国资央企在产业链高端发挥领军作用。专门组建国新投资有限公司和中国国有资本风险投资基金（以下简称国风投基金），主要瞄准战略性新兴领域和"卡脖子"技术相关企业进行投资。在战略性新兴产业方面，中国国新重点投资处于技术前沿的创新型企业。例如，在新能源领域，重点投资动力电池正极材料制造商百荣科技以及中国五矿旗下的电池材料创新企业长远锂科，带动了我国新能源动力电池技术的科技创新；在新一代信息技术领域，投资了信息安全领军企业奇安信，支持新一代功率半导体整合式集成电路芯片制造模式（Integrated Device Manufacturing，IDM）龙头企业华润微电子有限公司在科创板战略配售和上市工作。截至 2023 年 6 月底，国新系基金已累计投资战略性新兴产业项目224个，金额超过980亿元，占总投资比重近80%。在突破产业"卡脖子"技术方面，中国国新明确提出，对于一些市场规模不大、盈利空间有限，但涉及"卡脖子"环节和重要产业链"堵点""难点"的项目，要有意识地加大投资培育力度。同时重点关注那些技术水平与国外先进水平仍有一定差距，但基本达到了可用、能用、好用程度的项目，以及技术水平与国外先进水平持平甚至略有胜出的创新领军型企业。例如，针对半导体这一"卡脖子"技术，国风投基金先后投资我国自主CPU研发的领军企业龙芯中科技术股份有限公司和集成电路晶圆代工领先企业中芯国际集成电路制造有限公司。在国风投基金的支持下，龙芯中科技术水平相较前一代产品大幅提升，基本实现进口替代；中芯国际先后突破了半导体28nm、14nm两代制程的量产，引领我国半导体制造技术跨越式发展，对于延伸国产芯片产业链、构建国产芯片生态圈具有重要意义。

在打造"专精特新"企业方面，中国国新坚持"三分投七分管"的理念，建立起投后赋能的工作体系。"专精特新"企业大多规模不大，有一些还是新创企业。这些企业缺少的不仅是钱，在市场营销、社会关系、企业管理方面也存在诸多短板。因此，中国国新高度重视资本和专业能力的同步输出，不仅给钱，还要为企业的发展提供多方面的支持。2018年年初，中国国新投资了孚能科技。这是一家掌握了世界领先的三元锂电池制造技术的高科技企业。投资后，中国国新充分发挥自身优势，帮助企业开拓市场，使其成功打入戴姆勒公司的供应链；联系国内各市区甚至国外政府，帮助企业调整优化全球产能布局；针对公司运营管理提出专业性意见，帮助企业建立起与高科技制造业相适应的现代企业管理制度。在中国国新支持下，孚能科技快速成长壮大，在手订单超过2000亿元，并于2020年7月正式挂牌上市，成为"科创板动力电池第一股"。此外，中国国新还综合利用多种手段构筑行业生态，为"专精特新"企业提供良性的发展环境。例如，中国国新组建国新商业保理有限公司，联合近 20 家共同构建融资租赁平台，旗下的中国国新金服开通了中央企业商业票据流通平台"企票通"，为央企及其产业链上的企业提供多元化的金融服务。

在打造"基础保障"企业方面，中国国新在国内外积极布局。在国内，投资重点是基础设施领域。例如，2015 年 10 月，中国国新投资 78 亿元入股中国铁塔，并积极协调三大运营商和中国铁塔在电信基础设施领域开展深度合作，实现电信基础设施的集约化、规模化投资和专业化、高效化运营，累计减少全行业重复投资达 1073 亿元，形成了以共享为核心特征的"铁塔模式"，显著提升我国电信行业经济效益和综合竞争力。在国外，积极支持中国企业参与"一带一路"建设，开展国际产能合作，为我国未来的能源矿产供应保障提供有力支撑。投资秘鲁拉斯邦巴铜矿、哈萨克斯坦卡沙甘油田、中亚天然气管道项目等能源项目，对保障我国能源安全具有重要意义。

中国国新的经验可归纳为以下几点：一是坚持以财务性持股为主开展投资业务，这是促进国有资本合理流动、实现国有资本保值增值的重要手段，同时也是有效发挥运营公司功能作用、助力国有经济高质量发展的重要驱动；二是将运营重点聚焦在服务国家战略上，依托多种资本运营手段支持央企科技创新、深化改革；三是围绕投资"融投管退"四个阶段，着力提升投资运营核心能力，努力做到融得到、投得准、管得好、退得顺，逐步形成符合国有资本运营特点，具备国新特色的投资管理模式。

二、中国诚通全面打造国资央企高质量发展"改革工具箱"

中国诚通控股集团有限公司（以下简称中国诚通）因改革而

生、为改革而存，以服务国资央企为己任，在服务中求发展，在发展中促改革。在国务院国资委的正确领导和大力支持下，中国诚通先后成为首批国有独资公司建设规范董事会试点企业、首批国有资产经营公司试点企业，2016年被确定为国有资本运营公司试点企业，持续开展了一系列卓有成效的改革创新与探索实践。国企改革三年行动开展以来，中国诚通始终坚持以习近平新时代中国特色社会主义思想为指导，全面贯彻落实国企改革三年行动部署要求，围绕"国有资本流动重组、布局调整的市场化运作专业平台"定位，履行"四个服务"使命，有效发挥国有资本运营公司在国资国企改革全局中的独特作用。

一是高起点推动央企战略性重组，服务国家战略和国有资本授权经营体制改革。中国诚通积极落实国务院国资委关于油气管网、钢铁、电气装备、现代物流等重点行业重组整合的决策部署，先后出资930亿元参与中央企业股权多元化改革，充分发挥积极股东作用。现金出资643.5亿元参与国家石油天然气管网集团有限公司组建，成为并列第二大股东，有力地支持了我国能源结构调整和能源安全新战略。参与重组设立中国绿发投资集团有限公司并持续投资，助力打造聚焦绿色低碳循环经济的一流新央企。现金增资75亿元成为鞍钢集团有限公司并列第二大股东，推动鞍钢重组本钢集团有限公司，全面提高我国钢铁行业产业集中度、资源安全性和国际竞争力。现金出资46亿元参与中国电气装备集团有限公司组建，助力打造具有全球竞争力的世界一流电力装备企业。积极稳妥推动所属中国物资储运集团有限公司、港中旅华贸国际物流股份有限公司等4家物流企业与所托管的中国铁路物资集团有限公司进行专业化整合，组建中国物流集团有限公司，努力打造现代流通体系的主力军与国家队。积极参与中国电信天翼云公司增资，助力中央企业打造自主可控、安全可信的国家级云平台。

二是高水平建设国家级基金体系，服务国有经济布局优化和结构调整。经国务院批准，受国务院国资委委托，中国诚通先后牵头组建中国国有企业结构调整基金、中国国有企业混合所有制改革基金两大国家级基金，成为唯一管理两只国家级基金的中央企业。撬动央企国企和社会资本，放大国有资本功能，形成以国家级基金为主、总规模6500亿元的基金体系，充分发挥基金投资的引领带动作用。通过参投中国电信回归A股、广核新能源等标志性项目，支持关系国家安全和国民经济命脉的重要行业关键领域结构调整和转型升级；投资通用技术、中远租赁等项目，支持央企优质子公司深化混改；投资上海积塔半导体有限公司、北京天坛生物制品股份有限公司等企业，前瞻布局战略性新兴领域，推动自主创新和补链强链；联合地方政府和行业领先企业合作搭建子基金，引导带动社会资本近千亿元。截至2022年年末，中国诚通基金投资业务实缴规模近2400亿元，累计完成投资超1800亿元。其中，超85%投向国资央企结构调整和改革发展项目；超75%投向战略性新兴产业项目；超40%投向产业链链长及强链补链项目。

三是高标准盘活存量国有资产，服务国有资本合理流动和保值增值。中国诚通设立注册资本100亿元的诚通国合资产管理有限公司，打造专业化的央企"两非"资产接收服务平台。对12家央企开展上门服务，兜底保障相关央企100%完成国企改革三年行动的"两非"资产剥离重点任务。截至2022年8月，与19家央企达成合作，受托处置资产共计44项，涉及资产规模101亿元，助力中央企业全面完成"两非""两资"资产剥离任务，调整优化产业结构，聚焦主责主业。携手中国海油等央企组建国海海工资产管理有限公司作为央企海工装备资产处置平台，通过无偿划转等方式，对中央企业库存海工装备资产实现归集管理，2021年共完成66项海工资产的集中管理，涉及资产604亿元。分类推进业务处置工作,为盘活央企特定门类沉淀资产形成经验范式。组建中国健康养老集团有限公司作为部委培训疗养机构改革资产统一接收运营平台,形成资产接收的全流程规范,探索多种方式进行养老机构改造,参与城企联动普惠养老计划,深耕城市养老骨干网络建设。立足为央企提供全方位的产融结合、以融促产服务,积极发挥保理、财务公司、融资租赁、证券、公募基金等金融服务功能,投放超130亿元,惠及央企上下游产业链企业300余家,有效助力降杠杆、减负债、压库存、提质量。

四是高质量培育战略性新兴产业,服务国资国企重大改革和机制创新。中国诚通落实改革试点先行先试的要求,将所出资企业打造为国企改革的"综合试验区",先后培育出3家"双百企业"、2家"科改示范企业"和2家"混改试点企业"。与其他央企开展专业化整合,接收新能源电池行业领先企业天津力神电池股份有限公司,以投资持股形成的新能源产业生态圈,助力其加速改革发展,入选"科改示范企业",打造原创技术策源地。通过对上市公司分散股权的汇集整合,采取委托管理、ETF运作和自营投资相结合方式,对近700亿元市值的央企上市公司股权进行专业化管理。牵头发布了"央企结构调整指数"及ETF、"一带一路"指数及ETF、开放共赢(A+H)ETF,总规模超680亿元,实现盘活央企存量股权的制度性创新突破。适时增持央企控股上市公司,促进价值回归与新兴产业健康发展。

中国诚通过改革实践,形成以资本形态转换为根本、"四个服务"为使命、五大能力为基础、资本配置为指引、合规先行为保障的运营公司理论体系。全面构建起"基金投资、股权管理、资产管理、金融服务"四大功能及战略性新兴产业培育孵化平台的"4+1"战略布局,开创性地实现以新设方式完成运营公司改组定型,为进一步深化社会主义市场经济条件下的资本理论研究与治理探索奠定了良好基础,在国资国企改革全局中发挥了独特作用，成为独具特色的国资央企"改革工具箱"。其投资参与油气管网、钢铁、电气装备、现代物流等重点行业重组整合，是央企股权多元化改革的代表性案例，成为通过国企改革推动国家重大战略落实落地的鲜活样板。管理的两只国家级基金成为推进国有经济布局优化结构调整、积极稳妥深化混合所有制改革等改革任务的重要资本力量和支撑载体，在助推现代产业链链长建设中发挥了突出作用。资产管理、金融服务等功能在助力国资央企防范化解重大风险、聚焦主责主业方面发挥了积极作用。

第二节　国有资本投资公司的实践探索

一、国投高新以基金投资培育发展新动能

国家开发投资集团有限公司（以下简称国投）是首批国有资本投资公司改革试点单位。2015年12月，国投根据国有资本投资公司改革试点整体工作部署，把中国国投高新产业投资公司（以下简称国投高新）定位为国投前瞻性战略性新兴产业投资平台，主要开展股权基金业务和控股直投业务。国投高新是央企中从事股权基金业务最早、品种最全、规模最大、国家级基金支数最多的股权基金投资管理机构之一，2018年被确定为国企改革"双百"企业。

国投高新认真贯彻落实国务院国资委有关部署与国投试点工作要求，把市场化基金运作模式与贯彻落实国家战略部署及国家投融资体制改革的要求紧密结合。先后组建了国投创新、国投创合、国投创业、海峡汇富、国投新力等5家基金管理公司。其中，国投创业主投风险投资（Venture Capital，VC）阶段，国投创新侧重成长期股权投资（Private Equity，PE），国投创合是母基金，海峡汇富是区域基金，形成了覆盖VC、PE、基金中的基金

（Fund of Funds，FOF）、政策性转型基金、区域性基金的全产业链格局。2020年以来，国投高新及旗下基金投资企业登陆科创板成果丰硕。专精特新企业——工业和信息化部公示的第三批专精特新"小巨人"企业名单中，国投创业14家投资企业实力入选，充分体现其扎实的技术研发能力及政府部门的高度认可。在对科技创新企业的投资和培育方面，国投高新旗下基金均以战略性新兴产业的硬核科技企业为投资标的，注重企业的科技创新能力，战略性新兴产业领域项目累计投资金额超过500亿元，投资项目超过300个。

国投高新的主要做法如下：

一是推进自身股权多元化改革，推行市场化机制。国投高新作为国企改革"双百企业"，在国投党组的指导支持下，进行了股权多元化改革。2019年，国投高新与华侨城资本、工银投资、农银投资、国改双百基金四家战略投资者签订增资协议，获得前述投资者54.67亿元的联合投资，成为2019年内通过北京产权交易所挂牌并完成的最大增资项目，也是年内国企改革"双百行动"的最大引资案例。国投集团持有国投高新的股份进一步降低，实现了由全资到控股的转变，降低了股权集中度，构建了多元化的治理结构。国投高新以股权多元化为契机，深化改革，切实完善优化公司治理，转变经营机制，增强企业内生活力。

二是提升自身管控能力，完善投资机制保障。国投高新受到国投的充分授权试点，将选人用人、自主经营、薪酬分配等70多个原来由总部决策的事项"应放全放"。积极健全法人治理结构，推动管理层实施职业经理人和任期制契约化管理改革，优化领导班子结构，持续完善党委发挥领导作用的体制机制，积极调整党委、纪委人选，落地"一岗双责"要求。

三是撬动资金支持，放权自主经营。国投高新除自身引入战略投资者以外，还通过基金投资、股权投资等方式，积极发展混合所有制经济，撬动了大量社会资本进入国计民生、战略性新兴产业等领域。转变国企投资平台对被投企业的监管机制，由管理向监督转变，以契约代替要求，以结果考核代替过程控制，以充分授权代替大包大揽，有效激发原始团队的创新热情，成为维持企业高速发展和市场竞争力的有效保障。

四是加强战略协同，搭建生态圈。国投高新始终聚焦国家重大战略产业和重点攻关方向，围绕国家科技重大专项、科技创新2030重大项目和国家重点研发计划等展开投资，坚定践行"四个面向"，在先进制造、电子信息、材料能源和生物医药等四大领域，投资布局了一批标志性影响力项目，形成了一批产业带动性强，技术自主可控，能够在国际上并跑领跑，具有标志性影响力的重大创新成果。国投高新投资的四大领域，各自形成生态圈，上下游企业之间形成战略协同，便于打通产业链堵点。国投高新在被投企业的发展中积极发挥作用，与原有团队保持密切合作，以资本为纽带，帮助企业开拓市场、规范管理、增信赋能，实现资本化。围绕增资、增信、赋能、升级的主线，国投高新在政府关系、产业资源、管理经验、发展资金等多方面为被投企业提供协同和支持，形成互利共赢、协同互补的深度融合。

五是投资双轮驱动，助力发展战略性新兴产业。战略性新兴产业培育周期较长，风险较大，投资额巨大，在服务国家战略发展和国投资产保值增值上做到平衡的难度很大。国投高新采取直接投资与基金投资"双轮驱动"。一方面，加大投资，与重点科研院所合作，重点布局新材料、医药健康、先进制造、新基建、智能科技、生态环保等领域。另一方面，积极探索以股权投资基金培育发展战略性新兴产业的有效途径。坚持阶段性持股理念，依据"基金在前、直投在后，VC在前、PE在后，PE在前、控股在后"的投资策略，明确各阶段投资主体和投资理念，放大基金投资与产业投资的协同效应。坚持战略投资方向，培育重点产业控股项目，培育符合国家战略需求的新兴产业板块。

六是鼓励持续创新，发挥市场活力。国投高新投资的中早期民营科创企业，存在资金和资源短缺问题，国有资本的注入和背书有利于企业获得更多资源和支持。同时，继续保持被投企业的市场化运作模式，提升对被投资企业考核和投资效果考核的容错率。这有助于高新技术企业和专精特新企业大胆进取，从容科研，实现厚积薄发。

通过国投高新这一典型案例，可将国投集团打造"四类企业"的成功经验总结为以下三个方面：一是立足战略，推动国有资本集中在"命脉"和"民生"领域，引导国有资本服务国家重大战略布局和培育发展战略性新兴产业；二是创新模式，集团总部以战略管控和财务管控为主，通过充分授权实现应放全放、能放则放，做实子公司董事会；三是管好放活，在实现国有资本控制力的同时，保持企业活力，鼓足发展劲头。

二、中国宝武产融结合培育钢铁生态服务平台

中国宝武钢铁集团有限公司（以下简称中国宝武）2020年被国务院国资委纳入中央企业创建世界一流示范企业。中国宝武产业布局以绿色精品智慧的钢铁制造业为基础，新材料产业、智慧服务业、资源环境业、产业园区业、产业金融业等相关产业协同发展，形成"亿吨宝武""万亿营收"能力，打造若干个千亿级营收、百亿级利润的支柱产业和一批百亿级营收、十亿级利润的优秀企业。中国宝武坚守产业报国初心使命，立足高质量钢铁生态圈建设，以"三高两化"推进"一基五元"协同发展，如图4.2所示。其中，"一基"是钢铁业板块，主要包括碳钢和不锈钢两大系列，由宝钢股份、中南钢铁、马钢集团、太钢集团、八一钢铁、马钢交材组成；"五元"包括新材料产业、智慧服务业、

资源环境业、产业园区业、产业金融业。

一基	五元
钢铁产业	新材料产业
	智慧服务业
	资源环境业
	产业园区业
	产业金融业

图 4.2　中国宝武产业布局分析图

欧冶云商股份有限公司（以下简称欧冶云商）是中国宝武钢铁集团有限公司于 2015 年 2 月全资设立，以"服务型生产体系"商业模式，依托互联网、物联网、大数据、移动互联等全新技术手段，打造的集资讯、交易结算、物流仓储、加工配送、投融资、金融中介、技术与产业特色服务等功能于一体的生态型钢铁服务平台。经历多年的快速成长，欧冶云商已经发展成为中国钢铁电商行业的领先者，通过"平台+生态圈"的模式，为钢铁生态圈用户提供电商交易及配套物流、金融技术、资讯等供应链增值服务，并积极探索在大宗商品领域的跨界融合，成为中国宝武打造"四类企业"的典型案例。

一是为企业制定明晰合理的发展定位。中国宝武于 2014 年开始牵头研究打造第三方钢铁生态服务平台的可行性，并于 2015 年初正式成立欧冶云商，提出想用户之所想，真正解决用户和行业的难点和痛点，满足用户的个性化需求。2019 年，中国宝武实施共建高质量钢铁生态圈战略，进一步明确了欧冶云商作为生态圈服务核心平台和服务端旗舰公司的定位。欧冶云商秉承"共建共享，值得信赖"的宗旨，积极在构建钢铁现代供应链方面发挥作用和担当，与产业链企业合作共赢。随着国家构建新发展格局和碳达峰、碳中和战略的加快实施，钢铁行业实现数字化、网络化、智能化、绿色化、国际化发展是必然趋势，同时下游用钢企业也会加快转型升级的步伐，用户需求个性化、实时化等特征将会更趋明显，这些都对钢铁供应链创新和应用提出更高要求。欧冶云商提出发挥自身线上、线下优势，深化生态化协同和市场化发展，为产业互联网高质量发展创造示范标杆。

二是协助企业实施混合所有制改革和体制机制创新。2017年3月，本钢集团、首钢基金、普洛斯、建信信托、沙钢集团和三井物产等六家投资者入股欧冶云商。引进的新股东既包括外资背景企业，也包括民资背景企业，还有公司自己的员工，成功实现了国资、外资、民资与员工出资的融合，有利于各种所有制资本取长补短、相互促进、共同发展，也将促进欧冶云商体制机制的创新。在引入战略投资者的同时，欧冶云商成功地实施了员工持股，126名核心骨干员工成为股东。通过建立股权层面的激励与约束机制，员工与企业成为利益共同体，为企业的发展注入内生动力和发展活力。

三是协助企业推进商业模式和技术创新。中国宝武积极协助欧冶云商持续推进商业模式的迭代创新，促进钢材资源优化配置，拓展产业链增值服务，优化智能运营中台，助力产销模式变革，完善信用管理服务，研究并发掘供应链用户的个性化需求，帮助用户提升效率、降低成本。新冠病毒感染疫情期间，欧冶云商作为试点平台，依托发挥在线新经济和直播经济优势，提供全流程、自助式、免接触平台购销服务，有效支撑各大钢厂及中小用户在线完成交易，满足用户防护用品的紧急采购需求。同时，欧冶云商优先利用智慧物流平台运力，协助武汉地区防疫物资的顺利传递和应急建设的紧急需求，协同生态圈合作伙伴，为防疫物资的顺利传递提供运输服务，充分利用遍布全国的仓储能力和多家运输合作伙伴，解决平台用户的燃眉之急，减少跨区域流动，降低传播风险。通过商业模式和技术创新，欧冶云商形成了差异化的供应链服务能力，对风险的管控能力进一步增强，构建了自身的核心竞争力，行业地位得到进一步巩固。

四是协助企业进行经营管理。中国宝武倡导"要不忘初心和使命，不能小富即安"，塑造以奋斗者为本的企业文化。在与中国宝武集团内生态圈伙伴合作过程中，不仅在产品和服务资源上给予欧冶云商很大支持，还给公司输送了 37 名技术和业务管理人才。欧冶云商实施"头狼计划"，针对"头狼"，也就是公司的直管干部，通过协助他们跨地区、跨领域、跨岗位历练，使核心管理团队的知识结构和能力水平更加全面。

通过欧冶云商这一典型案例，可以发现中国宝武打造"四类企业"的关键经验就是以管资本为主加强资本投资运营能力建设。通过强化"投融管退"核心功能，优化投资管理体系；健全子公司法人治理，培育市场竞争主体；深化三项制度改革，构建市场化经营机制，推动中国钢铁产业转型升级。

第三节　产业集团的实践探索

一、中国电科深化改革锻造创新尖兵

中国电子科技集团有限公司（以下简称中国电科）是我国军工电子主力军、网信事业国家队、国家战略科技力量，拥有电子信息领域相对完备的科技创新体系，在电子装备、网信体系、产业基础、网络安全等领域占据技术主导地位。目前，中国电科拥有包括 47 家国家级研究院所、15 家上市公司在内的 700 余家企事业单位；拥有员工 20 余万名，其中 55% 为研发人员；拥有 35 个国家级重点实验室、研究中心和创新中心。中国电科以电子装备、网信体系、产业基础、网络安全四大板块为主业，按照

"做优电子装备、做大网信体系、做精产业基础、做强网络安全"的总体布局，持续优化核心业务体系，推动集团在国防和军队现代化建设、现代产业体系建设的关键核心技术节点上"布点"，在产业链价值链创新链关键环节上"成线"，在关系国家安全、国民经济命脉和国计民生关键领域上"控面"。

在电子装备产业方面，重点发展利用声、光、电磁信号进行信息感知、传输、运用等的系统级装备和产品，打造全域多维一体新一代电子装备，不断夯实在军用电子装备领域和民品细分领域的领先地位。在网信体系方面，重点发展信息基础设施和各类数字化应用与整体解决方案，全面支撑基于网络信息体系的联合作战和全域作战能力提升、国家治理能力提升和数字化发展。在产业基础方面，重点打造形成电子基础产品科研和生产的基础支撑能力，以夯实产业链供应链自主可控能力为根本目标，推动以"电科基因"为核心的生态化集群式发展。在网络安全产业方面，重点发展网络空间的安全防护能力，把握网络空间和网络安全发展规律，有效支撑网络作战装备建设，加速网安产业发展，深耕信创工程，为国家总体安全提供重要保障。

中国电科旗下有15家上市公司，其中成立于2001年的杭州海康威视数字技术股份有限公司（以下简称海康威视）是科技创新领军企业的典型代表。作为以视频为核心的智能物联网解决方案和大数据服务提供商，海康威视业务聚焦于综合安防、大数据服务和智慧业务，构建开放合作生态，为公共服务领域用户、企事业用户和中小企业用户提供服务，致力于构筑云边融合、物信融合、数智融合的智慧城市和数字化企业。海康威视成功的原因可归结为以下几个方面：

一是强化战略引导，推进整体布局。中国电科以建设世界一流企业"一个目标"为引领，聚焦"军工电子主力军、网信事业国家队、国家战略科技力量"三大定位主责，布局"电子装备、网信体系、产业基础、网络安全"四大板块主业。海康威视母公司中电海康，拥有海康威视和凤凰光学两家上市公司，贯彻落实中国电科"一三四六"创新发展战略，对两家公司发展进行全面布局，聚焦物联网业务领域，持续推进全面物联网转型发展战略，重点发展多维感知、存储计算、数据处理和应用等产品和服务，积极探索经营方式平台化、专业化和生态化，积极把握数字经济发展机遇。

二是混合所有制扬长避短，国企改革优势凸显。海康威视在成立之初，便引入了个人投资者龚虹嘉的投资，成为混合所有制企业。2007年，龚虹嘉将自己持有的海康威视15%的股权，以原始价格75万元转让给了核心员工持股平台。既没有动摇中国电科对海康威视的持股比例，又使得公司管理层和核心员工与公司利益绑定，极大地激发了管理层和核心员工的创业热情，保持了团队稳定性和凝聚力。

三是实行差异化管理，完善激励机制。中国电科运用市场化手段创新管理海康威视，为招徕人才、稳定队伍和激发创新活力，允许海康威视采用独特激励机制。海康威视实施"核心员工跟投创新业务机制"设立跟投平台，以上市公司和跟投平台按6∶4的股比设立创新业务子公司，而创新业务核心员工则通过持有跟投平台股权，成为公司创新业务共担风险、共享收益的事业合伙人，极大地激发了员工创业拼搏的热情。

四是树立基因壁垒，协助打开安防市场。政府端是安防行业最具价值的领域，得益于"雪亮工程""天网工程""平安城市"等政府主导下的安防基础设施建设，行业最近十年实现快速发展。对于政府端客户而言，采购单额相对较高，且需要层层审批，客户转换成本极高，因此在对供应商的选择上具备持续性，数据资产集中度较高，而海康威视作为央企子公司具有天然优势。经过20年的发展，海康威视积累了大量的政府客户，建立了良好的政商关系，把握住了最大的客户体系。

五是"聚"科技，创平台，引资本。中国电科在科技、平台、资本三方面，对海康威视进行全方位扶持。整合海康威视内部科技资源的同时，结合科技创新需要，将中国电科系其他研究院所的科技资源力量更多地与海康威视聚合，整合利用多种科技资源，实现融通创新。使海康威视在发挥自身科研优势的同时，能够互补联合中国电科可协同的其他科研力量，实现共创共享共赢的局面。同时，给海康威视精准定位，聚焦于更具市场发展潜力、更能发挥企业核心能力的科研方向。在平台搭建方面，中国电科始终强调海康威视科研成果交易管理、科研成果转化组织管理，推动形成规范化管理平台和市场化运营主体，解决民营企业交易管理机制不健全的问题。建立产业孵化平台，有序推动科研成果选择、定价、交易、合作、收益分配等任务。在引资本方面，中国电科对海康威视的引资管理灵活，既关注自有资金注入海康威视，又配合海康威视推动外部投资基金注入，保障有效、有序支持企业科研成果转化。

通过海康威视这一典型案例，可以发现中国电科打造"四类企业"的关键经验就是以体制机制创新推动技术创新，锻造企业核心竞争力：一是以改革创新为牵引，激发活力，提高效率，为高质量发展注入强劲动能；二是以技术创新为驱动，提升自主创新能力，以合理业务布局助推可持续发展；三是以混合所有制改革为抓手，发挥各类所有制资本优势，实现良性发展、互促共进。

二、国家电网实施平台战略打造电动汽车产业新布局

国家电网是关系国家能源安全和国民经济命脉的特大型国有重点骨干企业。20多年来，国家电网持续创造全球特大型电网最长安全纪录，建成多项特高压输电工程，成为世界上输电能力最

强、新能源并网规模最大的电网，专利拥有量连续10年位列央企第一。

2006年，国务院发布《国家中长期科学和技术发展规划纲要（2006—2020年）》，提出优先研究新能源汽车。国家电网公司率先开展电动汽车充换电技术研究、标准制定、装备研制、示范工程建设，带动培育了我国充换电设施产业发展。2015年12月29日，成立国网电动汽车服务有限公司（以下简称国网电动汽车），注册资本30亿元。国网电动汽车经营范围包括电动汽车充、换电技术服务，新能源汽车、电子产品的技术开发等。目前已与23个省电力公司设立属地电动汽车合资公司，服务全国电动汽车后市场，综合利用大数据、云计算、物联网、人工智能技术，建设具有最专业、全面客户服务能力的电动汽车服务体系，打造全国乃至世界规模的电动汽车公共服务平台。同时，公司致力于构造电动汽车服务生态圈，与产业链上下游企业合资设立混合所有制子公司，积极拓展汽车租赁、设施运营业务，为政府、企业、公众提供能力服务与数据共享，实现企业间的合作营销与引流，引领充电基础设施建设从扩大规模向提质增效、技术创新转型。2020年2月19日，国网电动汽车申报的国家电网智慧车联网平台解决方案入选"2019年工业互联网试点示范项目名单"。2021年5月10日，入选"双百企业"名单。国网电动汽车的主要做法包括：

一是开展充分研究，做好基础铺垫。在成立国网电动汽车之前，国家电网已经开展了电动汽车充换电技术研究、示范工程建设等基础工作，为国网电动汽车的成立奠定了雄厚基础。随着电动汽车市场宏观政策利好和产业发展提速，电动汽车服务市场竞争也日趋激烈。国网电动汽车凭借前期的经验积累，快速在市场上占据了优势地位，打造了国际领先、功能强大、统一开放的智慧车联网平台。国家电网依托自身最新能源技术与物联网通信技术，聚焦新型用能需求和服务热点，创新服务业态。国家电网省公司积极配合国网电动汽车，运用强大的基层力量储备，抓好充换电设施专业化运维和精细化运营，为客户需求提供全方位服务，有效解决市场上电动汽车服务公司面临的问题。同时研究电动汽车与智能电网互动技术。

二是战略定位引导，指明发展方向。国家电网明确给国网电动汽车的公司定位，建立了成熟的发展路径体系。国网电动汽车以打造最大最优电动汽车服务卓越平台，建设国际一流电动汽车服务卓越品牌为愿景；树立面向市场，专业高效，互联共享，多元发展的理念；以充电服务、汽车服务、电网服务为重点，以"大数据+增值业务"为价值链高端。开展顶层设计行动，充分发挥电网企业行业特性、技术研发、网络延伸的诸多优势，加强国网电动企业总公司和省公司电动汽车业务发展顶层设计，系统编制各级公司发展规划，坚持规划导向，发挥技术及设计优势，健全工作网络。

三是原有资源配置倾斜，管理模式调整优化。此前，国网在各地分布有省电动汽车合资公司。国网省级公司是电动汽车业务运营管理主体，能够发挥属地优势，支持省电动汽车合资公司业务拓展和可持续发展。国网电动汽车作为智慧车联网平台建设运营主体和电动汽车业务专业支撑平台，是省电动汽车合资公司实际控制方，主要负责发挥平台优势，加强横向合作，做大做强做优智慧车联网平台；负责公司统一服务品牌与技术标准推广；负责与车企、电池企业、集团客户等全国层面的业务合作，指导省电动汽车合资公司在属地的合作业务实施；负责研究电动汽车服务新技术、新模式，为电动汽车业务拓展提供项目技术咨询和方案设计等支撑服务。省电动汽车合资公司作为电动汽车业务市场开拓主体，主要负责发挥双方股东资源优势，依托智慧车联网平台，开展属地充换电设施的建设运维及电动汽车相关服务；负责智慧车联网平台的属地推广和线下运维工作。

四是发挥集团运作优势，调整股权结构。为充分发挥公司集团化运作优势，加快电动汽车服务业务拓展，国家电网调整省电动汽车合资公司的股权结构。通过省公司现金增资的方式，将省电动汽车合资公司股权结构调整为50%，另外50%仍由国网电动汽车财务并表；省公司增资纳入公司2020年预算调整。治理结构也进行相应调整。董事长由国网电动汽车推荐的董事担任；经理层主要负责人原则上由省公司推荐、董事会聘任；其他高级管理人员由双方协商推荐，由经理层主要负责人提请董事会聘任。股权结构调整和管理模式优化有利于国网电动汽车整合各省资源，省电动汽车公司更好地发挥与国网省公司协同的作用。调整过后，各省级电动汽车公司既提升了专业支撑能力，也提升了使命感与责任感，这大幅提升了国网电动汽车在各省开展业务的效率，同时避免资源浪费。

通过国网电动汽车这一典型案例，可以发现国家电网打造"四类企业"：一是坚持战略引领，始终坚持站在服从服务党和国家事业发展大局的高度，制定公司发展战略，狠抓战略落实，建成一套闭环管理机制，保证企业始终沿着正确方向前进；二是构建"专集结合、协同运作"的集约管理模式，构建纵向贯通、横向协同、覆盖全业务流程和各经营区域的电网业务专业化管理体系，对人财物等生产经营核心资源集中统一高效配置，实现集团整体价值最大化；三是以股权多元化为抓手，集聚属地优势资源，构建开放、合作、共赢产业生态，推动市场化经营机制改革。

三、中国移动先行先试聚合力开展 5G 创新

中国移动通信集团有限公司（以下简称中国移动）目前是全球网络规模最大、客户数量最多、品牌价值和市值排名位居前列

的电信运营企业。中国移动通信集团广东有限公司（以下简称广东移动）隶属于中国移动通信集团有限公司。自成立以来，广东移动坚持发扬"敢为天下先"的精神，创新引领通信行业发展。1987 年，最早开通了第一台移动电话，开创了我国移动电话的先河。1995 年，最早开通了全球通（Global System for Mobile Communications，GSM）数字移动通信服务，并先后最早在国内提供了移动互联网业务、通用分组无线业务（General Packet Radio Service，GPRS）和增强型数据速率 GSM 演进技术（Enhanced Data Rate for GSM Evolution，EDGE）等移动通信服务。广东移动率先推出"全球通""神州行""动感地带"三大品牌、"沟通 100"服务营销体系和全球通 VIP 俱乐部，以及"动力 100"集团客户服务品牌，率先推出粤港澳大湾区通信服务计划，持续以创新引领通信业发展。近年来，公司主动融入粤港澳大湾区和中国特色社会主义先行示范区建设，争当网络强国、数字中国、智慧社会主力军，全面加快 5G、数据中心等新型基础设施的建设，持续提升广东信息基础设施水平，助力广东高质量发展。当前，公司正按照中国移动集团公司部署，全面落实"5G+"计划，大力推进 5G+4G（协同发展）、5G+AICDE（人工智能、物联网、云计算、大数据、边缘计算融合创新）、5G+Ecology（生态共建）、5G+X（应用延展）。加快建设"覆盖全省、技术先进、品质优良"的 5G 精品网，全力推动 5C 服务百姓、融入百业，更好地满足广大客户对美好数字生活的需要。广东移动的主要做法如下：

一是落实"创一流"公司战略，在运营管理机制上给予支持。中国移动集团层面积极响应党中央、国务院部署要求，树立创建世界一流示范企业的目标，并在此基础上制定《中国移动创建世界一流示范企业方案》，提出"创世界一流企业，做网络强国、数字中国、智慧社会主力军"。面对新时代的新任务和新挑战，为提高企业内部管理效率、提升精细化运营水平，广东移动在集团公司战略的指引下，结合历史经验积淀和自身管理特点，主动变革、积极创新，切实践行"为一线减负，为发展加速"的工作理念，以问题导向、责任归属、优化实施、工作激励（4R）为原则构建实施制度流程卓越管理体系（BVS），并在此基础上探索实践了以民主集中、上下同欲、高效务实为核心要义的企业流程优化重构工作模式，打造广东移动流程管理的"黄金航道"，为企业改革发展和基层一线注入更多的活力、更强的动力。广东移动流程优化重构模式内涵图如图4.3所示。广东移动流程优化重构各单位职责分工如图4.4所示。

二是抢抓发展机遇，在5G业务和技术上给予支持。中国移动将"5G+"计划作为落实创世界一流"力量大厦"的重要抓手，大力推进5G建设和应用推广，也为广东移动"5G+"的发展提供了发展机遇和技术支撑。按照集团公司的统一部署，广东移动坚持高标准定位，加大5G等新型基础设施的投入和建设力度，在5G建设初期，由于技术成熟度等问题，5G室分系统建设成本居高不下。在集团帮助下，广东移动创新多通道联合收发技术，在不改变传统室分结构的前提下，实现室内场景5G的低成本覆盖，节省投资达1.5亿元，相关技术已在全国推广应用。

三是深化数字产品及商业模式创新，在平台搭建上给予支持。广东移动紧抓5G行业应用井喷式发展的机遇，协同中国移动研究机构和专业公司，联合成立5G行业应用工作办公室，推动中国移动粤港澳大湾区（广东）创新研究院组建，加大5G行业应用商业模式的探索力度，推动传统产业数智化转型。2020年，广东移动打造了18个中国移动龙头示范项目、364个省级标杆项目，涵盖智慧工业、智慧医疗、智慧交通、智慧城市等领域。

通过广东移动这一典型案例，可以发现中国移动坚持以创新引领行业发展，打造"四类企业"：一是面向国家重大需求开展

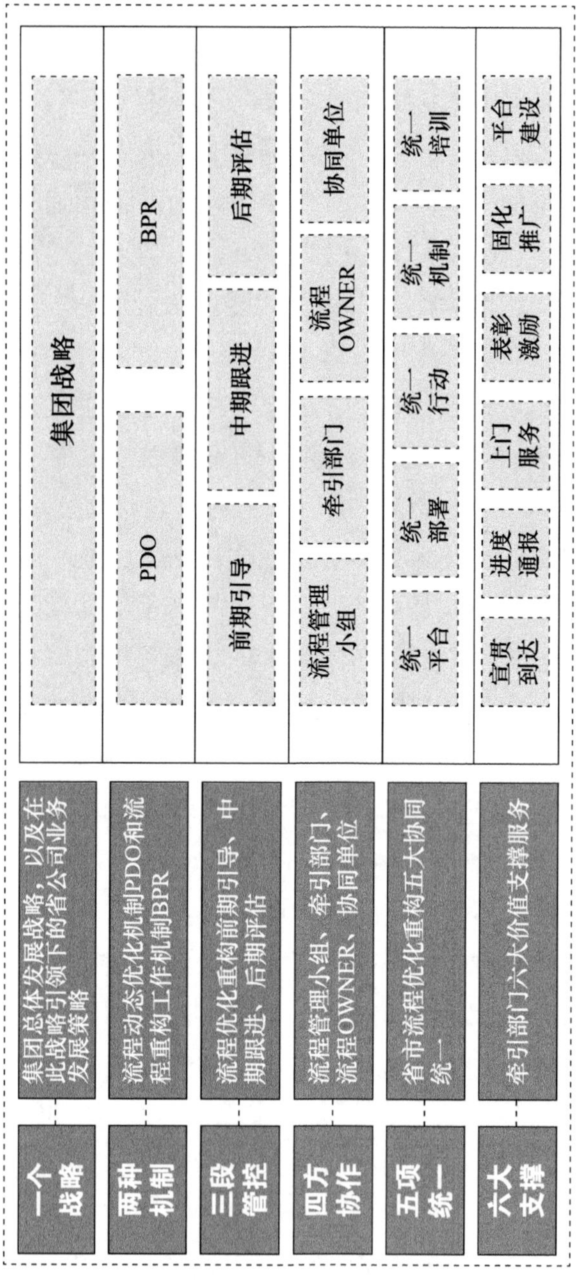

图 4.3 广东移动流程优化重构模式内涵图

主要相关方	领导/管理小组	牵引支撑部门	OWNER部门	协同部门
组成单位	公司管理层	发展战略部	业务责任部门	相关业务部门
角色	决策协调者	牵引驱动者	主推主责者	配合实施者
主要职责	✓ 统筹整体管理 ✓ 决策重要清单及方案 ✓ 指导、协调方案实施	✓ 传递落实 ✓ 组织部署 ✓ 联合支撑，培训和解决问题 ✓ 督办通报 ✓ 宣贯推广	✓ 牵头制定方案并组织实施 ✓ 推动标准化 ✓ 对组织、落实和成效负主责	✓ 协助方案制定和实施 ✓ 实施本线条细项任务 ✓ 地市公司还应协助推进统一化标准化，对部署落实负责

图 4.4　广东移动流程优化重构各单位职责分工图

自主技术创新，坚持强供给、促应用，紧跟国家创新部署，积极对接重大战略需求，提升国民经济带动能力；二是超前布局关键核心技术，坚持抢先机、布新局；三是扎实推进科创平台和创新联合体建设，探索构建创新联合体，实现低成本低风险创新。

第五章

重组整合助力打造"四类企业"

党的十八大以来,中央企业先后完成27组49家战略性重组和专业化整合,央地重组密集落地,海外并购有序推进,范围涵盖钢铁、基建、建材、装备制造、电力、航运、能源等诸多领域。重组整合通过优化资源配置、促进创新合作、专注核心业务、形成规模效应,已成为打造"四类企业"的重要途径、关键举措和有力抓手。

第一节 央地重组整合成为打造"四类企业"的新模式

近年来,中央企业重组整合的合作对象更加多元,除了中央企业内部、中央企业之间,中央企业与地方国有企业之间通过多种形式深化合作,取得积极成效。特别是在中央企业具有比较优势的能源、钢铁、装备制造等重要行业和关键领域,开展了一系列战略性重组和专业化整合,体现了央地重组在加快构建国有经济"一盘棋"新格局中的独特优势。截至2022年年底,914个央地合作项目总体开工率达63.5%,累计完成投资5904亿元。中央企业和地方国企都是国家出资企业,是国有经济的基本单元,共同构成建设现代化产业体系的中坚力量。加强央地国资协同,加快构建"一盘棋"新格局,对于更好发挥国有经济主导作用和战略支撑作用具有重要意义。

第一，充分体现国务院国资委指导、中央企业主体作用。央地重组整合虽然原则上是双向的、开放的，但总体上看，国务院国资委指导下的中央企业重组地方国企情况更为普遍，具有影响力大、效率高、效果好的特点。这得益于国务院国资委在指导央企重组整合方面经验丰富，善于从全国国有经济布局优化和结构调整要求出发，结合中央企业发展战略和地方经济发展需要，科学谋划，统筹布局；中央企业规模较大、主业突出，在技术、资源、平台、经营管理等方面相比地方国企更具优势。因此，加强国务院国资委指导，以中央企业为主体开展重组整合，是"专业的人做专业的事"，不仅更符合国家整体利益，而且更有利于协调各方推进工作，促进整合融合。

第二，加速资源整合，促进央地协同。党的二十大明确要求，"加快"国有经济布局优化和结构调整，凸显这项任务的重要性和紧迫性。重组整合是短时间内加速资源向优势企业和主业企业集中，促进央地资源深度整合与共享，提升产业集中度和竞争力的有效手段。一方面，通过"合并同类项"获得规模经济优势，从根本上减少重复投资和同质化竞争；另一方面，充分发挥中央企业在建设现代化产业体系、构建新发展格局中的科技创新、产业控制、安全支撑作用，推动央地创新链、产业链、资本链、人才链深度融合。

第三，依托资本纽带，有力支撑国家战略。通过重组整合，央地国资、央地国企之间形成紧密的资本纽带，央地国资监管机构全面履行国有企业出资人职责、国有资产监管职责、国有企业党的建设工作职责，进一步扩大专业化、体系化、法治化监管的覆盖范围。在此基础上，央地国资委可以更充分地合作，依托公司章程和法人治理结构，采取行使股东权和发挥董事作用等手段，推动重组整合企业在贯彻落实国家区域重大战略和区域协调发展战略，承担重大工程、基础设施和公共服务建设，布局重要行业、关键领域和战略性新兴产业等方面更好地发挥战略支撑作用。

总之，在国务院国资委系统谋划、统筹推进下，构建国有经济"一盘棋"新格局，深刻体现了将国资国企工作放到党和国家事业大局中来谋划推动。深入推进央地国企重组整合是其中关键一招，对于更好地发挥国有经济主导作用和战略支撑作用，加快建设世界一流企业具有重要意义。下一步，建议强化指导推动，完善支持政策，进一步做好总结推广，深入挖掘优秀实践和典型经验，及时总结形成操作性强、可复制推广的案例，为相关工作提供有力支撑。

第二节 鞍本重组"六措并举"打造钢铁行业龙头

钢铁产业作为关乎国计民生的重要基础性和支柱性产业，由于产业集中度低、资源对外依存度高，多年来饱受周期性波动之苦，亟须通过兼并重组提升产业链控制力。2021年，鞍钢集团有限公司（以下简称鞍钢）与辽宁省最大国有企业本钢集团有限公司（以下简称本钢）完成重组，这是钢铁业继2016年宝武重组之后的又一重大重组事件，"南有宝武、北有鞍钢"的钢铁产业新格局随之形成。鞍本重组"六措并举"，企业经营效益显著提升，协同效应逐步显现，成为央地专业化整合的标杆典范。

一、重组之路，道阻且长

鞍钢、本钢同为新中国成立后最早一批恢复生产的钢铁企业，是我国钢铁工业的摇篮。两家企业相距不过百里，身处同一个矿脉。因为资源相邻、核心产品相近，重复投资、同质化竞争等问题较为突出。从 21 世纪初开始，鞍本重组多次被提起，却始终"只闻楼梯响，不见人下来"。

2003 年，辽宁省政府就开始积极推动鞍本重组。2005 年，辽宁省启动了联合重组工作；2005 年 8 月，鞍本钢铁集团董事会推进委员会挂牌成立。但由于历史负担沉重、体制机制僵化、传统的思想观念束缚等诸多原因，一直未能取得实质性进展。2010 年，两家企业分别进行了重组，鞍钢与攀钢进行了联合重组，本钢兼并重组了地方国企北台钢铁公司。

二、央地合作，曙光初现

党的十八大以来，以习近平同志为核心的党中央高度重视东北老工业基地振兴发展，习近平总书记多次到东北考察调研，对东北全面振兴和国资国企改革作出重要指示批示。与此同时，钢铁行业成为供给侧结构性改革的重点领域。2016 年，宝钢与武钢成功实施重组，钢铁行业迎来了新一轮兼并重组的浪潮。针对钢铁行业产能过剩、集中度低、资源安全三大痛点，国务院国资委、国家发改委、工信部等部门多次组织调研，召开专题会议，研讨鞍本重组的可行性。

随着"十三五"末期钢铁企业生产经营状况大幅好转，鞍钢、本钢历史遗留问题得以有效解决，鞍本重组迎来了新的历史机遇。2018 年，鞍钢被国务院国资委确定为综合改革试点，着力破解体制不优、机制不活、动力不足的顽疾。为解决历史遗留问题，鞍钢累计投入近 200 亿元，坚持在岗的不下岗、下岗的给机会、特殊群体有保障，全力保障大集体职工和退休人员"老有所养、病有所医"。通过推进退休人员社会化管理、"三供一业"分离移交、厂办大集体企业改制划转等措施，鞍钢终于"脱下棉袄"。与鞍钢相比，本钢除历史遗留问题之外，还面临公司盈利能力弱、财务费用重等问题，特别是重组北台公司之后负债率持续攀升，贷款规模巨大。尽管如此，本钢与本溪市在企业托管、集体改制企业无偿划转等方面达成协议，推动解决了一些历史遗留问题，确保轻装上阵，为重组奠定了基础。

2021年，辽宁省将鞍本重组列入重点任务。4月15日，鞍本重组正式启动。10月15日，新本钢正式揭牌，历时180天，鞍本重组顺利完成。重组后，鞍钢粗钢产能达到6300万t，位居国内第二、世界第三。在此过程中，国务院国资委给予大力支持，会同各方打出"六措并举"组合拳。通过实施鞍钢股权多元化、本钢51%股权无偿划转、本钢混合所有制改革、本溪钢铁债转股、鞍本整合融合、本钢市场化改革等一系列举措，鞍本重组整合全面向纵深推进。

三、优化股权，多元治理

鞍钢从股权结构入手，通过引入战略投资者、实施市场化债转股等方式，构建起符合中国特色现代企业制度的股权结构和治理结构，实现了国有控股的多元治理新格局，为优化公司治理机制和决策机制提供了重要基础。

（一）鞍钢集团股权多元化

首先，鞍钢集团层面引入中国诚通和中国国新两家国有资本运营公司，通过现金出资，各持有鞍钢17.826%股权（如图5.1所示），形成多元化公司治理结构，国务院国资委仍是最大股东和实际控制人。两家企业分别向鞍钢董事会派出1名外部董事，积极发挥股东作用，赋能鞍钢提升管理效能，更好地推动企业高质量发展。

（二）本钢51%股权无偿划转

在完成鞍钢集团层面股权多元化的基础上，辽宁省国资委将所持有的本钢51%股权无偿划转给鞍钢，实现了鞍钢对本钢的控股。2021年10月15日，鞍钢集团本钢集团有限公司作为鞍钢控股的二级子公司正式揭牌成立，成为鞍钢产业布局的重要组成部分。为保证属地利益，鞍钢对于管理关系需调整的企业保持其法人资格和注册地不变，税收留在当地；对于产权关系需调整的企业，保持法人资格不变，产权关系调整所获资金用于支持企业发展。保留了本钢板材的上市公司主体地位，并承诺在豁免期内解决同业竞争问题。

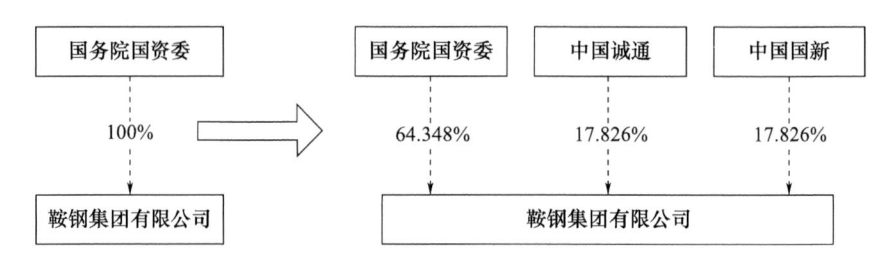

图 5.1　鞍钢集团层面股权结构变化

（三）本钢混合所有制改革

综合考量各方意愿以及构建科学有效治理机制的需要，本钢通过完全市场化方式，在上交所公开挂牌引入民营钢铁企业——北京建龙重工集团有限公司（以下简称建龙集团）作为混改战略投资者。在发展战略方面，鞍钢"7531"战略（7000万t粗钢、5000万t铁精矿、3000亿级营业收入、100亿级利润）与建龙集团"控参股双5000万吨产量"的战略目标高度契合，双方对绿色低碳、创新驱动、数字化转型等发展理念充分认同；在能力优势方面，双方主要钢铁产能同处东北区域，市场供给能力和资源保障优势充分互补；在资源要素方面，双方同为钢铁行业核心企业，在采购、科研、销售等重点领域高效协同。

建龙集团进入后增资16.37亿元，持有本钢集团5%股权；为保证鞍钢持股比例不变，辽宁省国资委向鞍钢再次无偿划转本钢 2.55% 股权。本次混改后，鞍钢仍以最大股东身份持有 51% 股份；辽宁省国资委和辽宁省社会保障基金理事会分别持股 25% 和 19%；建龙集团持股 5%，且拥有 1 个董事席位，有利于发挥积极股东作用（如图 5.2 所示）。通过优化股权结构，形成了以资本为纽带、股权为基础、董事为依托的治理型管控。

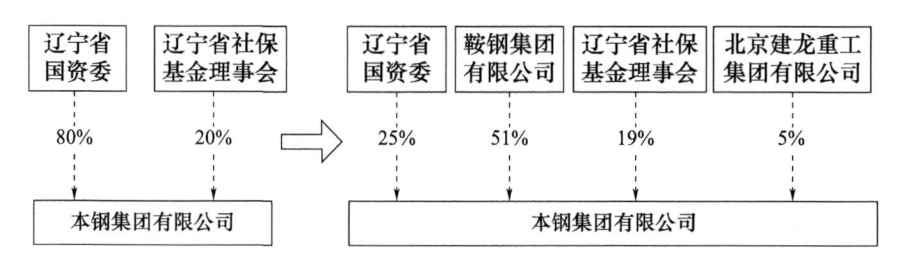

图 5.2　本钢股权无偿划转、混合所有制改革后股权结构变化

（四）本溪钢铁债转股

为减轻本钢债务负担，优化债务结构，拓展融资空间，在国务院国资委和辽宁省政府支持帮助下，由本钢所属本溪钢铁为主体实施市场化债转股。中国工商银行、中国建设银行、中国银行、中国农业银行债转股实施机构合计出资 44 亿元、持股比例 14.99%（如图 5.3 所示），按照市场化原则确定了效益分享机制和股权退出机制。2021 年 12 月 20 日，本溪钢铁完成工商登记变更，银行债权转为股权，资产负债率下降 2.76 个百分点，资本结构得到进一步优化，巩固了转型升级和可持续发展基础。

四、整合融合，一体推进

鞍钢、本钢均为长流程钢铁生产企业，连续性生产不能停，所以重组整合"快"字当先。重组后，鞍钢立即向本钢派驻核心骨干，共同组建 20 个项目组。开展集中宣贯培训及开放式研讨，

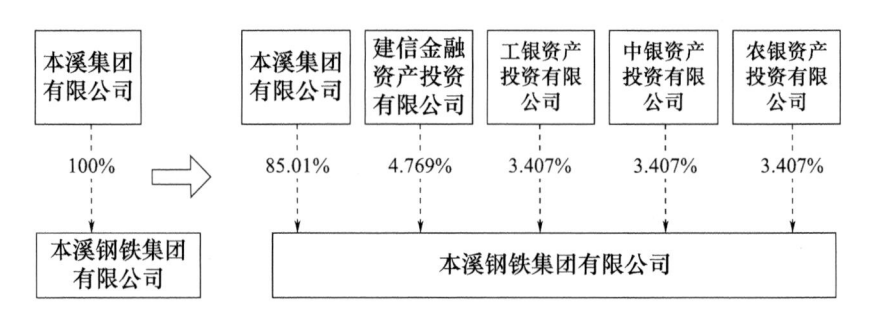

图 5.3　本溪钢铁债转股后股权结构变化

通过对标增进了解和互信，进一步统一整合的认识、方法、路径、措施，形成整合总体方案。系统设计过渡期及整合后首月、百日、半年、一年、二年、三年专项整合实施方案计划，细化分解工作节点，严格按照顶层设计和时间任务节点完成任务，落实到位。在过渡期，对重组整合融合制定总体方案，绘制了系统科学、立体完整的整合融合施工图；整合首月，深入对接管理体系，深化落实协同机制，积极稳妥推进专业化整合并总结前期成效；百日整合中，全面建立了运行核心业务协同机制；把握规划与计划，将整合融合长远规划与各项目组目标任务书中的周月季当期计划相衔接。鞍钢将治理机制和市场化经营机制作为提高企业活力的有力抓手，以一体化管控推动业务深度融合，力求一年内实现实质性整合、一体化运作，三年内实现全面融合。

（一）"要素管控+管理移植"，推进管理一体化

鞍本管理整合以满足集团化运行管控和国资国企监管要求为目标，聚焦管理统一平台、统一标准、统一语言、统一行为，推进鞍钢职能体系、授权体系、规章制度体系及政策文件体系与本钢全面对接，信息系统向本钢全面覆盖移植，将鞍钢的管理理念、模式、方法、要求迅速在本钢推广落实，通过系统统一实现

管理统一。

管理体系实行"软覆盖",以管理体系全面覆盖、深度嵌入为标志,向本钢所属企业全域延伸、逐级贯穿。钢铁行业的集团化发展趋势决定了未来的竞争更多体现为集团之间综合管控模式的竞争。只有建立适应集团化发展的管控模式和治理机制,才能有效发挥规模效益和协同效应,在竞争中获取优势。作为"鞍钢宪法"的诞生地,鞍钢坚持"两个一以贯之",深度总结、精准提炼新实践,赋予新时代"鞍钢宪法"新的内涵:强化政治担当,加强党的领导,依靠职工群众,坚持"两参一改三结合",推进改革创新。指导本钢建立"三重一大"决策制度,涵盖17个业务领域、41个具体事项,集成"标准、程序、决策、执行"核心要求,促进规范决策。坚持集体决策与个人决策相结合,制定《总部业务审批权限规范》,将治理主体和"董监高"权责清单化、具体化,提升决策科学性、规范性。在授权体系方面,聚焦"党的领导、战略规划、资本运营、资源协同、创新驱动、风险防控"六大管控核心要素,将鞍钢"授权清单—履职规范—行权评价—动态调整"全周期逐级授权管理模式向本钢复制推广,指导本钢围绕168类262项经营管理事项,建立《核心业务权限规范》,对所属21家单位差异化授放权。在制度体系方面,鞍钢以落实"合规管理强化年"为抓手,推动本钢重构以基本管理制度为基础、以专业管理制度为主体、以工作规范为补充的三类规章制度体系,修订完善各类制度238项,全面实现各职能条线的管理程序规则与鞍钢管理要求相统一。

信息系统实行"硬移植",按照"先固化、再优化"的原则,统一业务规则、数据标准,实现鞍本数字、视频链路全面联通,推进"国资监管、集团监督、管控共享"三类38项管理信息系统在本钢全域覆盖移植、全级次贯通。国资监管类系统,落实国务院国资委对央企在线监管要求,指导推进本钢在"三重一大"、大额资金、投资监管等领域构建完善全方位信息化监管体系，提升国资监管效能。集团监督类系统，按照鞍钢对审计、法律、安全、环保等业务职能领域管理要求，指导本钢按照统一标准规范业务流程、建立基础数据，通过信息系统消除集团监督盲点，提升集团专业监督效率。管控共享类系统，围绕"人力资源、财务、信息化办公"三条主线，贯通本钢各级信息系统，最大限度发挥集团共享服务优势，提升整体运行效率。

（二）"战略引领+资源协同"，推进运营一体化

在业务整合方面，以鞍钢"7531"发展战略为引领，将本钢融入鞍钢"十四五"发展战略规划，清晰本钢各产业发展定位。按照平台化、集约化、专业化、市场化原则，通过"直接整合、协同整合并行、先协同再整合"三种路径，采取出资收购、增资扩股、委托管理等多种方式，推进资源要素向优势企业集中。对于集团已有平台承载发展战略以及落实国资监管和产业政策要求的业务，原则上采取"直接整合"路径，尽快实现一体化发展；对于多元化业务，原则上采取"本钢内部整合培育、鞍本之间业务协同适时分类集中"路径，以优势企业或产业链核心企业主导，适时推动专业化整合；对于区域内基于鞍本上市公司独立运作暂不具备实质性整合条件的业务，原则上采取"先协同再整合"路径，通过采购、销售、物流、科研等关键业务有效协同，挖掘区域内规模和协同效益，再通过整合实现集约高效发展。落实有所为有所不为，发挥有效市场和有为集团作用，对于符合集团战略但暂不具备价值的重点培育；不符合集团战略但具备价值的实施混改或出售；不符合集团战略且不具备价值的按照"两非""两资"清理要求逐步退出。通过产业布局优化调整，逐步构建主业精干、多元集约，主业与多元产业紧密协作的产业发展新格局。

五、管控运营，体系重构

为全面提升管理效能、激发动力活力，本钢制定了以《本钢集团落实国企改革三年行动深化市场化改革总体方案》为总体指导引领，以《本钢集团总部及主要子公司管理职能及机构优化调整改革实施方案》和《本钢集团三项制度改革实施方案》为实施支撑，配合各项具体改革制度的"1+2+N"系列改革方案，重构市场化管控和市场化运营"两个体系"，体制变革与机制转换同频共振，为新本钢注入了强大的发展动力。

（一）健全市场化管控体系，打造各级独立市场主体

鞍钢通过构建"集团总部管资本、子企业管资产、制造单元管生产"三级管控架构，将重组后的本钢定位为鞍钢二级子企业管理，聚焦核心要素，实施战略管控，规范设计新的差异化管控架构。本钢定位于资产经营中心，围绕落实市场主体地位重塑优化职能架构，着重打造本钢板材、北营公司、矿业公司三个主要板块公司治理主体，落实市场主体和治理主体责任，做实管理运营平台，规范高效运营，全面发挥管控效能。梯次向基层厂矿逐级深入推进，由主业向多元产业延伸推进。经过一系列动真碰硬的改革，建立了组织机构科学精干、管理链条精练高效的市场化管控体系。

一是完善公司治理，确保规范运行。本钢及主业板块公司规范构建法人治理结构，在完善公司治理中加强党的领导，完善"三重一大"决策制度、党委前置事项清单，明确企业党委在决策、执行、监督等各环节的权责和工作方式。所属 26 户"应建企业"实现董事会应建尽建和外部董事占多数"两个 100%"。修订公司章程和党委会、董事会、总经理议事规则，实施清单化运行，发挥各治理主体作用。

二是重塑总部管理架构，确保管控体系高效运转。基于本钢资产经营中心的运作模式，确保鞍钢管控职能全面有效承接。重塑本钢总部管理架构，优化调整机关部门和直属机构编制定员与职能，理顺流程线条，补齐管理短板，实现纵向分类管控，横向有效协同。经过调整，总部编制压减41.2%，作业区级及以上机构总量压减35%，管理效率进一步提升。

三是加强授权放权，实施差异化管控。坚持"权力放下去，活力和效益提起来"，落实股东法定职权、鞍钢国资监管职权、本钢董事会自主决策权。在建立鞍钢总部对本钢差异化授权体系基础上，推进建立本钢对下属企业的分类授权。本钢根据下属子企业治理能力、业务范围、行业特点，分先后、有侧重地实施差异化授权放权。170项核心权限、286项具体业务逐级放权，"听得见炮声的人"有了更大话语权，赋予了各级微观主体强劲的内生动力。以本钢的控股子公司北营公司为例，本钢对北营公司授予选人用人等6项权力，北营公司对基层单位统一下放机构编制等4项权力，对内部改革示范单位额外授予一定额度的固定资产投资、市场销售等权力。通过精准放权，一举扭转十几年的亏损局面，实现盈利。在授权的同时加强监管，落实各级出资人监督、专业监督、专责监督、党内监督、职工代表民主监督职责，建立履职规范与行权评价机制，保证权限的规范运行与动态优化调整，确保权力放得下、接得住、行得稳。

（二）健全市场化运营体系，深度转换经营机制

针对劳动效率偏低、有效激励不足等问题，本钢聚焦制约"三能"机制的堵点痛点，深化三项制度改革，强化全员岗位绩效管理，构建多元市场化激励约束机制，实现企业改革成果与职工共享，形成了风清气正、干事创业的良好氛围，成本意识和价值创造理念深入人心。

一是做实"契约化"打破"铁交椅"。本钢坚持党管干部原则与发挥市场机制作用有机结合，全面实施经理层成员任期制和契约化。76家子企业158名经理层成员按照"双跑赢、三区间"（跑赢大盘、跑赢自身，基本指标、奋斗指标、挑战指标）制定"一人一表"年度和任期目标；向上建立摸高机制，向下按照"错位保"逐级加严效益指标，明确8种退出底线；子企业配套实行风险抵押金政策，实现利益捆绑、风险共担；建立"揭指标竞聘、带契约上岗"长效机制，2022年以来，管理人员竞争上岗比例达83%，退出比例达27%；以"扫楼梯"的方式自上而下全体起立、竞聘上岗，改革以来，副总监及以上人员累计优化164人，一级经理、二级经理及同层级减少779人。

二是做细"合同化"打破"铁饭碗"。本钢全面推行用工市场化，深入开展岗位重建和流程再造，建立以劳动合同管理为核心、以岗位合同管理为基础的市场化用工机制，推行全员岗位绩效考核，明确员工岗位绩效、考核指标和胜任标准，依法依规解决职工进退留转问题。本钢各级厂矿、作业区广泛推行绩效考核结果与收入、岗位退出"双挂钩"模式，岗位合同签订率100%，员工市场化退出率达到1.36%。其中，北营公司探索施行"四三转换"，将厂矿效益指标、作业区技经指标、班组任务指标、岗位绩效指标等4类指标层层转换，精准分解量化，压实目标责任。

三是做精"价值化"打破"大锅饭"。本钢坚持激励为主、公平为先原则，贯彻落实鞍钢薪酬管理体系要求，围绕薪酬市场化、激励多元化，推进考核分配权层层穿透，解决薪酬激励作用不明显、薪酬制度体系不统一等问题，优化工资总额管理方式，实现工资总额随企业效益增减。其中，固定部分实施"五倾斜"，加大向关键岗位和紧缺急需的高科技、高技能、营销和苦脏累险岗位的倾斜力度；浮动部分体现指标业绩，职工浮动工资差异化系数达到1.4。建立以效益为中心、授权加同利相结合的薪酬分配机制，探索建立超额利润分享机制。深化绩效考核刚性应用，落实"强制分布、末等调整"机制。坚持"下管一级"分配模式，按照"谁管人、谁考核、谁分配"的原则，强化各单位、作业区、班组考核分配自主权。

六、过往可鉴，未来可期

在重组过程中，鞍钢始终把贯彻落实习近平总书记重要指示批示精神作为根本遵循，严格落实"第一议题"制度，强化党建工作过程管控，定期召开党委书记专题会议调度重点任务，在基层党委试点推行"1+1"联动提级述职评议新模式，压实各级党委主体责任和党委书记第一责任。建强组织队伍，树立选人用人正确导向，实施优秀年轻干部"摇篮计划"，切实把专业素养好、领导能力强，善于抓改革、促发展、保稳定的干部选出来、用起来。定期开展党内主题实践活动，召开党建与生产经营深度融合推进会，以高质量党建引领保障企业高质量发展。通过坚持党的领导加强党的建设，有效激发了企业和员工活力，为重组整合、深化改革营造了良好氛围。全体职工思想认识高度统一，同心、同向、同步、同力，实现了"一盘棋、一家人、一本账"和"同一个鞍钢、同一个梦想"。

截至2022年10月15日，鞍本整合一年任务全面完成。既定三年627项工作标的已完成590项，整体完成率达到94.1%，新增的20项工作标的已完成14项。鞍本协同效应持续放大，鞍钢在2021年中央企业负责人经营业绩考核、三年行动重点任务考核和三项制度改革评估中均获得A级，销售利润率连续三年跑赢大盘，并以594.48亿美元营业收入排名2022年《财富》世界500强排行榜第217位，较上一年跃升183位，成为榜单中上升速度最快的企业。新本钢市场化改革持续深化，43项改革任务完成率达到95%，利润创十年来历史最高水平，实现效率、效益、质量、品牌价值、员工收入"五提升"，资产负债率和碳排放水平"两降低"，员工获得感、自豪感显著增强，在行业、社会和客户中的形象显著提升，实现了历史性的蜕变和重生。面向新时代新征程，重组后的鞍钢将进一步聚焦战略引领，持续深化整合融合和市场化改革，加快建设高质量发展新鞍钢，坚定不移向着建设世界一流企业目标勇毅前行。

七、经验与启示

央地重组整合是一项战略性、全局性、系统性工作，需要在利益协调、组织实施、资源聚合等方面加强统筹谋划。作为央地重组整合的典型成功案例，鞍本重组经验值得参考借鉴。

（一）注重央地利益协调

如何协调好双方利益关系实现互惠互利，是央地重组整合要解决的首要问题。地方国企对于地方经济发展、财政税收、稳定就业具有支柱作用，重组整合将面临利润上缴、员工安置等诸多问题。因此，央地重组整合不仅是企业之间的利益协调，而且涉及中央与地方之间的利益协调。双方需要照顾彼此核心关切，构建有效的利益共享机制，实现合作共赢。在鞍本重组中，为保证本溪市属地利益，鞍钢承诺对于仅需调整管理关系的企业，法人资格和注册地保持不变，税收留在当地；对于产权关系需调整的企业，法人资格保持不变，产权关系调整所获资金用于支持重组企业发展；充分考虑上市公司对于地方政府的意义，尽管需要花费较长时间解决同业竞争问题，仍然保留本钢板材的上市主体地位。由于利益得到充分保证，本溪市政府在许多方面予以政策支持和协助，这对于推动重组计划顺利落地发挥了很大作用。

（二）注重重组前瘦身健体和重组后整合融合

地方国企与央企体制机制差异较大，情况更为复杂。有的企业历史遗留问题尚待收尾；有的企业业务庞杂，主责主业不突出；有的企业兼顾为地方融资的任务，财务负担沉重；有的企业领导层与地方政府之间盘根错节。这些问题若得不到妥善解决，不仅阻碍重组实施，而且将严重影响重组之后的整合效果。对此，应从两方面着手。一方面，重组前要协同地方政府对地方国企开展瘦身健体，通过分离移交、改制划转等手段，剥离"两非""两资"，推动解决历史遗留问题，处理好关键岗位人事调整和人员安置，"打扫干净屋子再请客"。另一方面，重组后要深化整合融合，通过改体制、转机制，做到资本合、资源合、组织合、战略合、管理合、思想合，将规模优势转化成为协同聚合优势。鞍本重组前，本钢与本溪市政府在企业托管、集体改制企业无偿划转等方面达成协议，本钢员工的养老、医疗等安置费用获得地方财政支持，确保轻装上阵，为重组奠定了基础。重组后，鞍钢立即向本钢派驻核心骨干组建项目组，系统设计整合方案，将治理机制和市场化经营机制作为提高企业活力的有效抓手，以一体化管控推动业务深度融合，通过"要素管控+管理移植""战略引领+资源协同"等一系列举措，为新本钢注入了强大的发展动力。

（三）注重发挥国有资本投资、运营公司作用

国有资本投资、运营公司是"国有资本流动重组、布局调整的有效平台"，聚焦进入实体产业的国有资本，依托股权关系联结各类资本，具有不可替代的作用。因此，应积极吸引国有资本投资、运营公司通过基金投资、股权运作、资产管理等方式参与央地重组整合，充分发挥其专业优势和平台优势。一是资产管理

优势。国有资本投资、运营公司拥有专业性资产管理处置平台，对于央地重组整合过程中剥离的"两非""两资"资产，可交由国有资本投资、运营公司处置优化，有效盘活中央企业依靠自身难以清退处置的资产业务。二是公司治理优势。国有资本投资、运营公司可作为战略投资者参与央地重组整合，发挥积极股东作用。通过构建多元治理格局，为优化重组后公司治理机制和决策机制奠定基础。三是投后赋能优势。国有资本投资、运营公司是实体产业和资本市场的桥梁，能够在重组整合中依托资本纽带发挥资源链接作用，构建投后赋能生态圈，打通产业链供应链堵点卡点，促进产融结合。鞍本重组中，鞍钢引入中国诚通和中国国新两家国有资本运营公司，实现集团层面股权多元化。中国诚通和中国国新通过现金出资，分别派驻1名董事。在充实鞍钢资本实力的同时，发挥多元股东治理优势，进一步提升鞍钢治理效能和资本运营能力，为鞍本重组后高质量发展提供有力支撑。

（四）注重吸引各类社会资本参与

习近平总书记强调，必须深化对新的时代条件下我国各类资本及其作用的认识，规范和引导资本健康发展，发挥其作为重要生产要素的积极作用。央地重组整合不限于国有经济内部，应立足于构建现代化产业体系的高度，注重通过市场化方式吸引包括民营资本在内的各类社会资本共同参与，在更大范围内实现资源优化配置，助力重组后企业优化治理结构，转换经营机制。鞍本重组中，本钢通过完全市场化方式，引入发展战略、能力优势和资源要素高度匹配的民营钢铁企业建龙集团作为战略投资者。本钢得到了资本增量和资源增量，建龙集团持股5%且获得1个董事席位，真正参与公司治理。通过引入民营资本，在"混资本"的同时实现"转机制"，切实将制度优势转化为治理效能。

第三节 中国交建开展海外并购打造全球领先基础设施综合服务商

中国交通建设股份有限公司（以下简称中国交建）是中交集团控股的上市公司。为响应全球化的基础设施投资和深度本土化要求，中国交建积极开展海外并购，先后收购澳大利亚工程公司 John Holland 和巴西工程公司 Concremat，按照战略需求补齐短板，并通过海外子公司渗透当地市场。这里重点介绍中国交建并购 Concremat 公司的案例。

一、敢问前路在何方

2005年，历史悠久的中国路桥和中国港湾两家公司通过强强联合、新设合并的方式组建"中国交建"，9个月之后在香港成功上市，成为中国首家实现整体海外上市的特大型国有基建企业。当时正值国家加大基础设施投资的战略机遇期，凭借合并重组和整体上市两大红利，中国交建实现了从起步期到快速成长期的跨越式发展，2006—2010年，年复合增长率高达18%。

但是从2011年开始，由于内外部环境的变化，中国交建遇到发展的瓶颈。从外部环境看，随着我国"五纵七横"高速公路网和"沿江、沿海港口带"的建成，中国交建拥有核心竞争力的水运、公路等基础设施建设市场趋于饱和，而政府在公共管理模式上开始倾向于把交通、市政、房建、产业一揽子统筹考虑，这对企业的投融资能力和全方位服务能力要求越来越高；从内部发展看，中国交建前几年凭借整合优势所释放的聚变效应逐渐减弱，不仅运营能力没有跟上规模扩张的速度，而且新市场开发和资源整合能力也有待进一步提高。随着中国中铁、中国建筑、中国铁建等建筑企业相继完成资本市场的"常规一跃"，中国交建的先发优势更渐式微。

未来究竟该何去何从，成为当时摆在所有中交人面前的一道难题。

二、柳暗花明又一村

2013年开始，中国交建提出必须改变"桥归桥，路归路，扎到一处是一处"的传统打法，"我们自己要当老板，而且要比纯粹的资本投资做老板更有优势"。这意味着中国交建必须在继承优秀工程师文化基因的基础上，实现"由工到商、工商相融"的转变。打造"五商中交""率先建成世界一流企业"的新战略定位和目标应运而生。

所谓"五商"，即打造全球知名工程承包商、城市综合体开发运营商、特色房地产商、基础设施综合投资商、海洋重工与港口机械制造集成商。这一战略是对中国交建原有价值链条的重组再造，从而实现从低劳动成本支撑向高技术支撑升级，从单纯的工程施工向设计施工总承包、技术研发、采购、物流等完整产业链升级，从低层次、低附加值的施工作业向高端、高附加值的工程产品升级，从以国内市场为主向国内国际两个市场并举转变升级，从"一头独大"的承建商向总揽全局的投资商、承包商、制造商升级。不过要实现上述战略构想并非易事，对标万喜、布依格、ACS等国际工程建筑巨头，中国交建需要做的功课还很多，尤其在国际化经营方面存在明显短板。

2013年，习近平主席向全世界发出"一带一路"倡议，为全球化发展提出中国方案的同时，也为中国交建转型升级提供了新的战略契机。五商中交，海外先行。一直紧盯着混凝土、钢结构的中交人开始把眼光移向高处、面向海外，而海外事业部责无旁贷地肩负起推进集团转型升级和"五商中交"战略落地的重任。南美洲作为"一带一路"的重要延伸，分布着众多新兴经济体，基础设施建设和投资潜力巨大，自然成为海外事业部开拓的重点区域。然而，要想在这样一个长期以来"针插不进、水泼不进"的市场打开局面绝非易事。正当海外事业部对于如何打入南美市场一筹莫展之际，南美地区经济规模最大的国家——巴西的经济政治环境开始发生剧变。受全球石油天然气和大宗商品价格急剧下跌影响，巴西宏观经济遭到重创。当地货币雷亚尔一路贬值，失业率居高不下。据估计，巴西经济将经历1990年以来最艰难的时期。与此同时，石油公司腐败案的爆发和持续发酵不仅令本已低迷的建筑行业雪上加霜，更进一步导致政局动荡。刚刚成功连任的巴西总统罗塞夫支持率不断下跌，多地爆发了大规模的示威游行。

面对这一突如其来的变化究竟该何去何从？如果在过去，身为单纯承包商的中国交建一定会望而却步。因为经济萧条时投资少、机会少，承包商一定会低价竞争，汇率风险更是不容忽视。但是随着转型升级成为投资商、开发商和运营商，企业定位不同，审视市场的角度也发生了变化。在海外事业部的牵头下，中国交建对南美市场进行了一年多的深入调查研究后认为，虽然建筑工程行业的景气度受宏观形势和腐败案的影响而大幅下滑，但是一系列环境和规则的变化也为包括中国交建在内的外国公司介入巴西市场提供了难得的窗口期。结合之前在南美地区多年的经营实践，海外事业部提出了"三步走"发展战略：第一步是"内部整合"，通过整合分散在南美洲的各子公司，成立实体化的境外区域性公司；第二步是"属地化"，通过对当地企业实施战略收购，打造属地化平台，以属地化优势支撑区域公司未来的市场开发战略；第三步是"明确定位"，以建成交通基础设施领域的特许经营投资商为目标，促进五商中交在巴西及南美地区快速落地。当年提出的"另辟蹊径"，开始从设想变成现实。

2015年6月，总裁办公会通过了关于按照实体型、本土化的运行机制设立南美区域公司的决议，标志着"三步走"计划正式付诸实践。

三、众里寻他千百度

在筹建南美区域公司的同时，海外事业部开始组织团队，对潜在的收购目标进行筛选。虽然受整体经济环境的影响，不少巴西企业被摆上货架待售，但是想找到一家既没有卷入法律纠纷，又有实力与中国交建开展战略合作的企业并不容易。在长长的初选名单中，莫达尔银行（中国交建参股的拉美基础设施开发建设投资平台 MDC 公司股东之一）推荐的一家名为 Concremat 的公司，最终引起了中国交建的兴趣。

Concremat 公司成立于 1952 年，是一家声誉良好的家族企业，也是业内少数未涉及石油公司腐败案的企业之一。公司成立初期以混凝土材料试验/检测业务为主，经过 60 多年的稳步发展，现已成为巴西规模最大的工程设计咨询企业，占有巴西设计咨询领域约 13.8% 的市场份额，曾参与里约奥运会场馆、圣保罗地铁等重大项目建设。作为业内知名企业，Concremat 公司的业务涉及规划、咨询、设计、监理、工程建设管理、环境和社会影响评估、材料检测等多个领域，拥有 1463 个相关资质和 3500 个职业资格证书。这些资质既是公司经验和能力的体现，更是进入巴西市场的最主要技术门槛。不过近两年受市场大环境影响，公司营业收入出现持续下滑。

Concremat 公司创始人、董事会主席 Mauro Ribeiro Viegas Filho 是巴西工程师协会主席，为人谦逊谨慎。与中国交建管理团队第一次见面，彼此之间就产生了"化学反应"。Mauro 表示，由于年事已高，希望出售部分公司股权套现，既能为公司注入新的活力，也可以让自己早日退休。实际负责公司管理和运营的家族第三代也对收购很感兴趣，他们表示之前就计划与国际知名企业进行战略合作，以推进公司国际化，中国交建的出现可谓恰逢其时。经过几番接触，双方在很多方面达成了共识，对于开展股权合作充满期待。

四、为伊消得人憔悴

根据初步洽谈的结果，收购团队内部对于项目可行性进行了讨论。大家普遍认为，两家企业在战略上高度契合，Concremat公司立足巴西、面向南美的主营业务拓展方向及战略发展目标，符合中国交建通过战略收购进入南美市场的发展战略。完成收购有利于建立实体型本土化运行机制、打造属地化经营平台，能够为中国交建布局南美市场、促进五商中交在巴西及南美区域快速落地奠定坚实的实体基础。除此之外，Concremat公司与中国交建在品牌运作、市场布局、业务提升等方面也将产生协同效应。不过，巴西低迷的经济和动荡的政局还是不免令人担忧。如果外部环境持续恶化，就很可能"抄底抄在半山腰"，给整个集团带来难以估量的损失，因此必须慎之又慎。经过对目标市场进一步充分研究，收购团队判断，巴西的工程设计咨询市场目前正接近谷底，有望出现恢复性增长。而且目前中国交建掌握交易的主动权，只要把控好项目进度，完全可以根据市场环境的变化决定是否继续交易。基于上述分析，2015年10月，经海外事业部总经理办公会研究，并报公司分管领导和主要领导批准，本次收购正式立项。

在获得与Concremat公司的独家谈判权之后，中国交建以财务顾问莫达尔银行作为项目的"总牵头方"，同时分别聘请Luis Berger、毕马威、Stocche Forbes公司作为技术、财税、法律尽调顾问，会同海外事业部、市场部、财务部、投资部、法律部相关人员，对Concremat公司展开尽职调查。从2016年1月选聘尽调顾问开始，到2016年8月尽调结束，整个尽调过程花费了整整

8个月。

通过尽职调查，顾问团队认为 Concremat 公司是一家有实力和影响力、注重质量、发展前景良好的公司，不存在致命缺陷。公司在应收账款、税务、债务、诉讼等方面存在的风险，可以通过在收购协议中设置先决条件、设置保护条款以及托管账户等方法加以防控。但是通过尽调，中国交建也发现了 Concremat 公司存在的一些问题，例如现有业务板块较多且盈利能力差别较大，其中很多板块与中国交建的战略协同度并不高。另外，由于公司员工人数较多，不仅提高了运营成本，而且容易诱发劳资纠纷风险。

根据尽调结果，中国交建从 2016 年 10 月开始与 Concremat 公司进行收购谈判，谈判的焦点一是重大交易条件，二是收购价格。

在重大交易条件方面，中国交建提出 Concremat 公司在交割前必须对业务板块内非主营、未形成规模、劳动力密集型且盈利能力较弱的业务进行剥离，只保留设计、环境、勘察和试验三大业务板块。剥离出来的业务成立新的法人实体独立运营，人员重新配备。除此之外，Concremat 公司需要承诺在交割后将所有相关资质转移至中国交建，而且不会解雇或调走公司高管。

在收购价格方面，财务顾问最初依据可比公司法和现金流折现法对 Concremat 公司的价值进行了估算，后来在中国交建的要求下进行了相应调整：一是鉴于可比法选取的同业上市公司规模比目标公司大，在初步计算结果基础上乘以系数 0.8，得出目标公司企业价值为 7.6~9.3 倍 EBIDTA（税息折旧及摊销前利润）；二是在现金流折现法中加大对国别和市场风险的考虑，将折现率上调 1.15 倍至 16.5%。经过上述调整，最终得出 Concremat 公司的企业价值为 3.5 亿雷亚尔。为保持 Concremat 公司的稳定和持续发展，中国交建决定只收购 80% 股份，剩余的 20% 股份继续由

Viegas家族成员和高管层持有。为推进Concremat公司的长期发展，充分发挥协同效应，中国交建在保证绝对控股的前提下又引入了中交水运规划设计院和中拉合作基金等机构作为共同投资人，收购完成之后向其转让部分股权，具体的股权架构如图5.4所示。另外，中国交建表示愿意额外支付2000万雷亚尔，用来补偿卖方为剥离相关业务所产生的成本，因此总计出价达到3亿雷亚尔，约9300万美元。

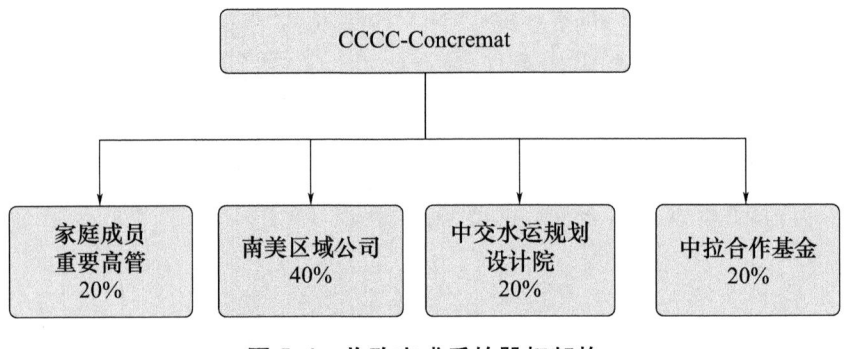

```
                    CCCC-Concremat
        ┌──────────┬──────────┬──────────┐
    家庭成员      南美区域公司   中交水运规划    中拉合作基金
    重要高管        40%         设计院          20%
     20%                        20%
```

图5.4 收购完成后的股权架构

由于双方之前已经充分沟通，谈判进展比较顺利，很快签署了股权收购协议（SPA）和股东协议（SHA），而且通过了两国政府机构的审批。2017年4月，在中国驻巴西大使的见证下，中国交建与Concremat公司在巴西圣保罗举行了股权交割仪式，宣告双方的战略合作正式开始。

五、只愿君心似我心

也许对于一般的商品交易而言，交割完成便意味着交易的结束，对于海外并购而言，并后的整合才是战略目标实现的关键环节。

早在项目进入交易实施阶段，海外事业部就开始考量和筹备并后整合的相关工作，并与Concremat公司进行了初步沟通。随着交易阶段接近尾声，2016年12月，海外事业部牵头成立了并后整合工作组（以下简称"工作组"），负责制定整合工作计划、整合顾问遴选以及整理汇总前期相关资料等工作，以便为实质性启动整合工作奠定扎实基础。工作组组长由海外事业部投资部两位高管担任，他们都具有多年海外常驻经验，曾主持和参与多项海外投资、并购项目的运作。

并购交割仪式前，工作组又与Concremat公司、整合顾问BAIN公司联合组建整合团队（以下简称"整合团队"），并将团队人员分为指导委员会、项目管理层、工作团队三个层级，分别负责确定方案指导方向、设计方案模型并梳理方案逻辑、搜集整理基础资料等工作。2017年3月，整合工作全面启动。

为保证整合方案契合中国交建的并购战略，整合团队在中国和巴西两地围绕集团战略方向、管控要求以及Concremat公司的实际情况等进行了一系列调研，初步确定了整合方案的基本原则和架构。整合团队认为，Concremat公司拥有较为完善的日常运营管理体系、较强的独立运营能力和较为成熟的人才管理体系，因此原则上应保持公司原有运营体系、经营秩序、高管和员工队伍的稳定，最大化发挥公司属地运营优势。在这一基本原则下，整合团队结合前期尽职调查资料，对Concremat公司经营情况进行了诊断，深入挖掘整合关键点和潜在风险点。经过大大小小30多次会议讨论，最终确定从战略方向、组织架构、管控流程等三个层面对Concremat公司进行整合。

在战略方向层面，鉴于Concremat公司自身运营管理体系基本完善，为充分发挥其属地化优势，中国交建在改组Concremat公司董事会之后，决定对其经营层面实施轻管控，充分保证公司董事会在制定战略规划、审批重大事项等方面的权限，基本维持原有运营体系和高管框架不变。根据五商中交总体战略规划和南美市场三步走发展战略，中国交建适度调整Concremat公司原战略定位，力求将其打造成为南美区域发展平台，以快速实现与中国交建的战略契合。整合团队计划通过中国交建的优势资源助力，使 Concremat 公司逐步由项目管理（Project Management，PM）向设计采购与施工管理（Engineering Procurement Construction Management，EPCM）乃至设计/采购/施工总承包（Engineering/Procurement/Construction，EPC）上移，从而与中国交建在南美地区的 EPC 项目和特许经营项目实现协同。针对 Concremat 公司业务单元分散、专业领域深度不够的问题，整合团队根据各项业务的市场潜力和 Concremat 公司的制胜能力，将多地点建筑、交通行业、公共建筑、公共环卫设施、环境、能源等行业确定为第一优先级发展行业，计划在未来业务投入更多的资源支持其发展，而对于以实验室业务为代表的第二优先级发展行业，短期内不再增加，甚至减少资源投放。业务单元优先级分类如图 5.5 所示。

在组织架构方面，在确保平稳过渡的前提下，根据中国交建对 Concremat 公司的战略定位，在其原有组织架构基础上小幅优化调整、充实完善。一是为主要部门设立岗位职责表，根据 Concremat 公司实际情况，利用管理工具，以图表形式清晰展现各部门、各岗位的工作职责。通过明确岗位职责、上传下达对象、管理流程中的角色内容、考核指标，实现各司其职、各尽其责的最大化组织效率。二是梳理并列示出重点业务单元的对接人员，以利于整合团队在下一步工作中与 Concremat 公司内部相关部门对接。三是在 Concremat 公司增设部门，组建中国交建专家团队就职，通过零距离沟通加强母子公司融合。

在管控流程方面，在对 Concremat 公司实施"轻管控"的原则下，进一步理顺中国交建、南美区域公司与 Concremat 之间的管控关系，将公司逐渐由家族企业平稳过渡为符合中国交建管控体系的现代化公司治理企业，确保并购战略目标的顺利实现。一

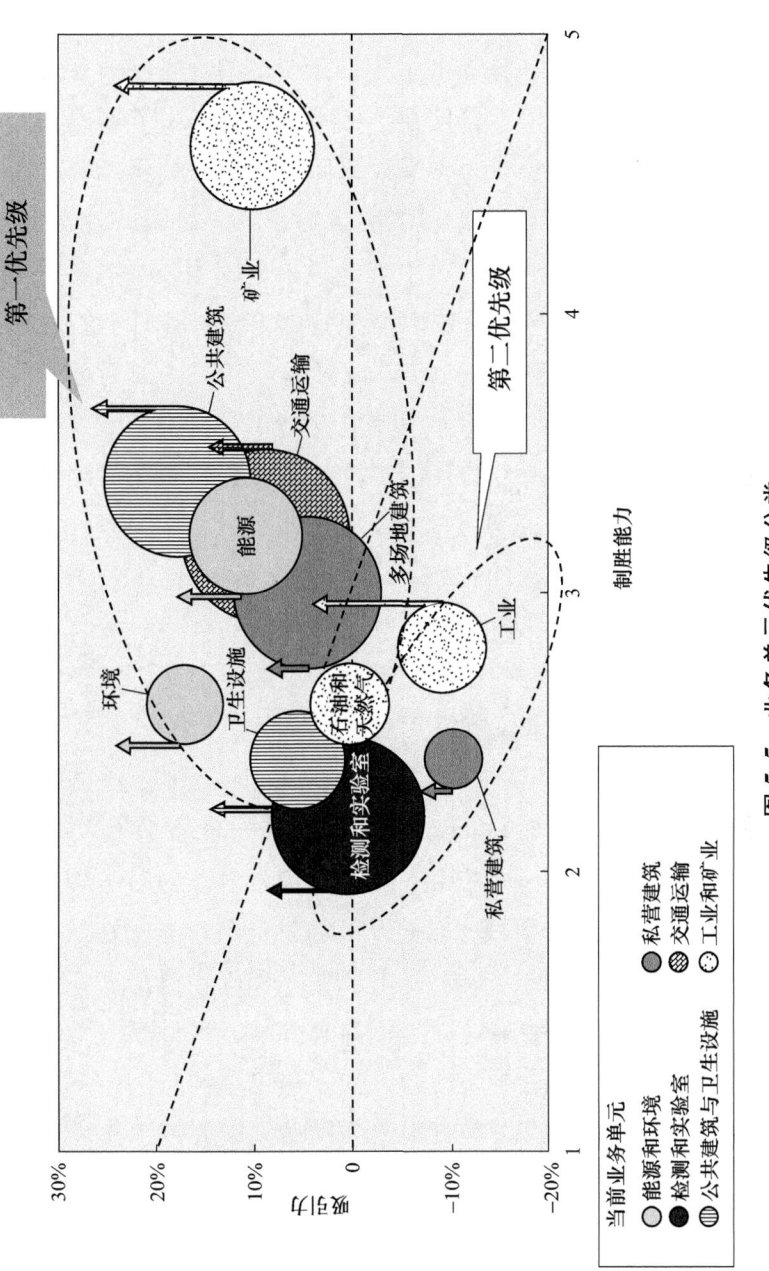

第五章 重组整合助力打造"四类企业" | 117

图 5.5 业务单元优先级分类

是增加南美区域公司对 Concremat 的管控点，加强在关键环节和重点事项的分级授权，形成 Concremat—南美区域公司—中国交建三级管控模式。鉴于中国交建在董事会席位中处于绝对优势，董事长由中国交建海外事业部委派，确保 Concremat 董事会对公司未来发展战略和重大事项的决策权，而南美区域公司不直接参与项目管控。对于由 CEO 等管理层决策的事项，按照"抓大放小、管控风险"的基本原则，对费用支出、人员聘用、合同签订等关键事项，通过事前参与决策或事后报备的方式，设计管控流程的管控点，既不过度干涉 Concremat 日常运营，又达到对公司主要和重要事项管控风险的目的。二是成立储备项目投资委员会，负责南美地区潜在项目机会的筛选、投可研分析、开发策略建议等前期开发工作，以便充分发挥 Concremat 公司的技术分析优势，实现南美地区投资平台的作用。三是完善 Concremat 公司内部管控体系，对现有的决策、审计以及各项报告流程进一步优化。四是按照中国交建统一的指导原则完善变更制度要求，规范实施流程，重点事项统一按模板填报。

对于中国交建提出的整合方案，原 Concremat 公司的家族股东和管理层大部分比较认同，但是听到公司准备放弃实验室业务，大家还是表达了不同意见。公司创始人 Mauro 向中国交建方面表示，Concremat 公司最初就是从实验室业务起家，在这项业务上具有传统优势，因此，对于公司未来打算逐步退出这一领域的计划，他在心理上很难接受。为了弥合分歧，海外事业部领导亲赴巴西，与家族股东们展开沟通。在表达尊重和理解的同时，抽丝剥茧，为大家分析目前实验室业务的情况，并指出实验室业务规模不大，未来发展空间有限，但是员工加班小时数最多，支付的加班费最高，很难通过压缩成本的方式实现盈亏平衡。实验室业务的亏损已经导致整个实验检测业务单元的营业利润率大幅下降，如果现在不及时撤出，未来将拖累整个公司的业绩。在一系列事实和数据面前，家族股东们认识到，为了整个公司的利益，也许真的是时候跟一些业务说再见了。经过双方几番推心置腹的交谈，整合方案最终得以通过。

为保证整合方案能够落实到位，整合团队进一步细化实施路径，详细制定了 200 条整合实施计划，同时在 Concremat 公司设立并后整合办公室（PMO），由南美区域公司和 Concremat 分别派常驻人员共同开展接下来的并后整合工作。PMO 计划通过一年左右的时间按步骤逐条落实整合计划，并定期向海外事业部上报月报，以便及时修正整合方案，巩固整合成果，确保 Concremat 公司经营管理平稳过渡，尽快发挥平台作用。

六、经验与启示

回顾整个并购过程，中国交建在全面建设具有全球竞争力的世界一流企业战略引领下，为保障自身国际化业务高速优质发展，全面落实海外"区域化、属地化、专业化"的战略布局，本着"有理念、有方法、有工具、能落实"的基本思路开展工作，稳步推进了对巴西 Concremat 公司的"并后三步走"的战略设想：2017 年确保实现 Concremat 公司所有权的平稳过渡，有序开展并后整合工作；2018 年制定明确的发展规划，打造中国交建在南美市场的业务发展平台，完成适应性组织架构建设和重点项目布局；2019—2020 年取得实质性进展，与中国交建在南美地区的基础设施建设项目紧密结合，发挥属地化优势，逐步加强与中国交建现有体系的业务融合，实现公司业务的持续增长。

（一）并购的现实背景

全球价值链重构是本次并购发生的现实背景。所谓全球价值链重构，是指产品生产的不同环节和阶段，会按照不同的要素密集度特征配置到具有不同要素禀赋优势的国家和地区，其实质是跨国公司在全球范围内布局其生产网络体系,从而实现成本最小化或者收益最大化的全球资源优化配置。我国自加入 WTO 以来所创造的外贸增长奇迹,实质就是通过融入发达国家跨国公司主导的全球价值链分工体系,推动产业快速发展。然而,随着国际金融危机后全球进入深度调整期以及我国经济进入新常态,全球价值链分工深化的速度逐渐趋缓,甚至停滞,乃至倒退。同时,我国自身的要素禀赋优势也开始发生变化。全球价值链重构将在何种程度上以何种方式影响中国企业的国际竞争力,中国企业能否在全球范围内整合和利用资源,从之前的快速发展转向高质量发展,已经成为中国企业必须面对的现实问题。近年来,中国企业开展海外并购的动因已逐渐由过去的获取自然资源,转为获取技术、品牌等创造性资产以实现价值链提升,中国交建的本次并购正是在这一背景下发生的。

(二)并购的理论基础

"微笑曲线"理论是本次并购的理论基础。这一理论作为价值链及其相关理论(包括产业价值链、全球价值链、价值网络等)的延伸,被广泛应用于分析产业链附加值分布情况(如图 5.6 所示)。这一理论认为,在产品生产过程中的上游阶段(产品概念的提出、研发等)和下游阶段(如品牌、分销、营销和售后服务等)为产品创造较高的附加值;而在生产过程的中间阶段,尤其是加工阶段,为产品创造较低的附加值。企业在低附加值环节积累足够经验之后,只有不断向高附加值环节攀升,才能扩大利润空间。随着研究的不断深入,学者们开始将该理论运用于纺织、服饰等加工贸易产业,进而扩展到其他产业。改革开放之初,我国凭借廉价的劳动力、土地等资源,以代工方式从价值链低端逐步嵌入欧美、日本等发达国家主导的产业链中。之后不断加大对外开放力度,利用资源禀赋和人口红利等要素优势在产品生产的加工和组装环节形成比较优势。然而随着国内外经济形势的变化，这种模式赖以存在的前提基础已经发生了变化。如何从价值链低端向位于"微笑曲线"价值链高端的"技术优势"和"品牌优势"升级，是当前正在经历转型阵痛期的中国企业所面临的共同问题，也是中国交建实施本次海外并购的底层逻辑。

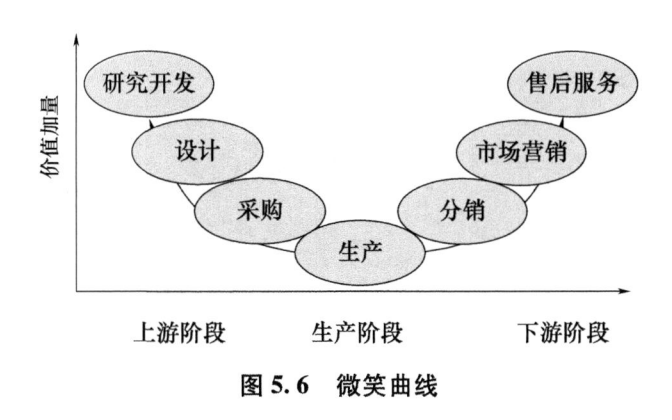

图 5.6　微笑曲线

（三）并购的经验总结

本案例为其他中国企业进行海外并购提供了经验借鉴。从整个并购过程看，中国交建的运作可圈可点。例如，审时度势，充分利用外部环境变化形成的窗口期促成交易；提前筹划整合工作，在交易阶段就开始防范和化解并后整合风险等。但总体而言，本次并购取得成功的关键在于，中国交建在并购之前就制定了明确、科学的战略目标和规划，而且始终紧密围绕这一战略开展并购运作。从并购的动因看，打造"五商中交"是中国交建转型升级的战略目标，"三步走"是中国交建根据五商中交战略在南美市场提出的战略规划，而对 Concremat 公司的收购是"三步走"战略第二步的重要组成内容，目标是以属地化优势支撑南美区域公司未来的市场开发战略。从并购目标的选择看，中国交建从打造属地化经营平台的战略功能定位出发，考虑行业地位、技术能力、法律财务风险等多重因素，最终在众多潜在目标中选择 Concremat 公司。从并后整合的规划看，中国交建紧密围绕战略目标，将关注点放在可能影响预期协同效应和预期收益的关键领域，对 Concremat 公司原战略进行了适当调整，推动公司业务领域转型和业务结构调整，从而实现双方的战略协同。因此，对于计划实施海外并购的中国企业而言，要充分理解战略规划对于企业海外并购的重要意义，自觉将企业战略贯彻落实到整个并购的全流程，从而通过海外并购实现转型升级。

第四节 西南铝厂办大集体企业整合改革实现转型发展

厂办大集体改革是剥离国有企业办社会职能和解决历史遗留问题的重要内容，同时也是全面深化国有企业改革的难点所在。由于产权不清、机制不活、员工素质不高等先天缺陷，大部分厂办大集体企业或破产倒闭，或长期处于困境，进而衍生出离退休人员移交、劳动关系处理等一系列问题，严重影响国有企业深化改革和社会稳定。面对历史遗留问题，中国铝业集团有限公司下属的西南铝业（集团）有限责任公司（以下简称西南铝）勇于担当、主动作为，通过运营机制和管理体制改革助推厂办大集体企业转型发展，在较短时间内实现扭亏为盈，并获"高新技术企业""重庆市名牌产品"等荣誉称号，成为改革改制的成功典范。

一、厂办大集体问题的由来及改革进展

厂办大集体是特定历史发展阶段的产物。20 世纪 70~80 年代，为了解决回城知识青年和国有企业职工子女就业问题，以及安置因工厂建设而失地的农民工，国有企业批准或资助兴办了大量集体企业。这些企业主要负责向主办企业提供辅助性产品或服务，在资金、技术、人员及生产经营等各方面依附于主办企业。

从客观上讲，厂办大集体企业为缓解当时的就业压力、支持主办企业发展、维护社会稳定和推动地方经济发展发挥过积极作用。但随着社会主义市场经济体制的逐步建立和国有企业"主辅分离"改革的深入，对主办企业有较强依赖性的厂办大集体陷入困境。产权不清晰、治理结构不科学、市场意识不强等先天不足使其难以适应市场经济竞争的需要，加之设备陈旧落后、冗员过多、负担沉重、缺乏市场竞争力，许多企业半停产、停产甚至破产，大量职工离岗待业、失业，成为制约国有企业改革发展和影响社会稳定的重要问题。

早在2005年，国务院就在东北地区选择部分城市和央企开展厂办大集体改革试点。2011年，《国务院办公厅关于在全国范围内开展厂办大集体改革工作的指导意见》（国办发〔2011〕18号）要求全面推开厂办大集体改革。此后，国务院及有关部委又先后发布了《国务院关于印发加快剥离国有企业办社会职能和解决历史遗留问题工作方案的通知》（国发〔2016〕19号）、《关于加快推进厂办大集体改革工作的指导意见》（国资发分配〔2016〕249号）等文件，为进一步推进厂办大集体改革提供了政策保障。总体而言，自2011年全面开展厂办大集体改革以来，相关工作取得了一定进展，但整体进度仍比较缓慢，要实现"2020年基本完成剥离国有企业办社会职能和解决历史遗留问题"的目标，仍面临不少困难和挑战。因此，及时总结改革的成功经验，研究探索改革的有效途径，对于当前加快推进厂办大集体改革具有重要意义。

二、西南铝厂办大集体整合改革的关键举措

西南铝是一家大型"三线"军工配套企业，其兴办的大集体企业作为国家"三线"建设及西南铝改扩建发展的历史产物，主要是为了解决征地农转非人员、职工家属的就业问题，因此在建

立之初就存在体制僵化、对主办企业依附性强、员工文化水平和专业素质不高等先天缺陷。随着我国经济市场化的发展，厂办大集体企业依靠主办国有企业"输血"生存的经营模式越来越难以为继，体制机制改革迫在眉睫。为确保高质量完成厂办大集体改革，西南铝确定了"先整合整顿，再改革改制"的方针。自2017年起，按照"整合业务、优势互补、突出主业、扬长避短、提高活力，发展壮大、增效增收"的发展思路，将全部厂办大集体企业集中整合至实业总公司，大力培植铝合金深加工新兴产业，厂办大集体企业运营管理水平和经济效益获得实质性提升，为下一步改制工作奠定了良好的基础。具体而言，其主要改革举措可归纳为以下几个方面。

（一）以机制变革为抓手，通过机制变革推动体制变革

产权归属不清晰是厂办大集体最根本的体制问题。以往改革的总体思路通常是从理顺产权关系入手，通过明确权责边界，规范各利益主体行为，调动各方积极性，即以体制变革推动机制变革。然而由于厂办大集体与主办企业之间资产债务关系复杂，相应的权责主体不易厘定，直接进行产权改革很可能陷入僵局。鉴于过去的经验教训，西南铝认识到厂办大集体改革不能指望"毕其功于一役"，与产权改革相比，当务之急是恢复和提升集体企业的"造血机能"。基于这一思路，西南铝并未纠结于处理错综复杂的产权关系，而是从改革企业经营管理机制入手，以机制变革推动体制变革。首先，通过组织架构调整、权力下放等一系列改革措施激发集体企业活力，推动企业战略转型；其次，按照"给机会不给优惠"的原则在业务拓展和项目对接等方面给予集体企业一定支持，使其逐渐具备自主发展的能力；最后，待条件成熟时，对集体企业"断奶"，实施公司制改制，使企业真正成为独立的市场主体。

(二) 以整合改革为突破口，实现瘦身健体提质增效

厂办大集体由于长期依附于主办企业，具有明显的"地板"和"天花板"效应：要么内部管理混乱，产业发展层次和水平较低；要么受体量规模制约，可持续发展的能力和空间不足。以西南铝为例，厂办大集体之间长期处于各自为战的状态，组织架构重叠，产业布局小而全、小而乱等问题突出。要想真正实现长远发展，必须整合平台资源，优化管理机制，摆脱成长的"地板"和"天花板"。自 2017 年 10 月起，西南铝改变过去分兵突围的改革思路，通过整合资源带动机制转换，激活企业发展的内生动力。

一是运营整合。将所有集体性质企业及相关法人单位共 17 家企业全部整合至西南铝实业总公司平台，实现人、财、物、产、供、销集中统一管理，形成主办企业—平台公司—平台公司下属企业三级管控体系，由过去的"单独五指"转向"握拳闯关"。

二是机构整合。实施扁平化管理，压缩集体企业管理层级，精简管理机构，将原有的 4 级管理层级，压缩至 3 级，管理机构由 65 个精简至 24 个，正常运营的集体企业法人户数压减至 4 户。通过关、停、并、转，淘汰落后产能，极大提升了企业的管理效率、决策效率和市场反应能力。

三是人员整合。精简中高层管理者，实施机关人员分流安置，原 23 名处级干部精简为 5 人，其中，7 名干部调离或改任非领导职务，11 名干部去行政化职级，科级干部由原来的 125 人精减至 53 人；拓宽管理人员分流渠道，通过协解和内退方式减少富余人员，有效提高了劳动生产率。

四是业务整合。将实业总公司全部产业整合为包装、熔炼、建筑、机械加工四大板块，明确下属集体企业各自主业，改变过去低端产业重复投入、恶性竞争的局面。通过内部整合改革，优

化了资源配置，为全面转型发展奠定了基础。

（三）以转型升级为主攻方向，延伸产业链开拓蓝海市场

厂办大集体只有依靠改革创新实现发展动力的转换，改革才能真正取得成功。如果停留在为主办企业提供配套产品或劳动服务的发展思路，不仅无法彻底摆脱对主办企业的依赖，而且产业附加值低，难以在激烈的市场竞争中生存和发展。西南铝集体企业以实业总公司为平台，立足于中铝集团"扩大铝应用"总体战略以及西南铝铝合金深加工产业全局，紧密围绕产业结构调整这条主线，积极识别和开拓蓝海市场。通过不断探索，最终确立了"以铝代木"的发展方向，将全铝家居产业作为战略转型的突破口。凭借西南铝在行业、市场及技术等方面的优势以及实业总公司在铝合金建材领域的市场积淀，产品迅速占领市场。目前，全铝家居产业已经成为西南铝高质量发展的重要引擎，成功带动装饰、品牌、销售、投资等全产业链协同发展。

（四）以党的全面领导为统领，平稳有序推进改革

要积极稳妥地完成厂办大集体改革这一艰巨任务，必须毫不动摇地坚持党的领导这一重大政治原则。西南铝在工作中充分发挥党委的领导作用，为集体企业改革发展提供了坚强的政治保证和组织保证。

一是做好顶层设计，把好改革的政治方向、政策方向和战略方向。西南铝党委经过充分论证、创新思路，提出以机制变革推动体制变革的总体规划和"以铝代木"的转型方向，明确了改革的路线图和任务书。

二是坚持以人民为中心，切实解决职工关心关切的利益问题，组织动员广大职工群众支持和参与改革。西南铝充分发挥各级党组织和职工代表大会的作用，将集体企业改革的精神传达到

各个层级，主动了解广大职工特别是退休人员的利益关切，着力解决社保欠费问题，获得职工的理解和支持。

三是面对困难和阻力敢于担当、勇于作为，下决心推进改革工作。西南铝党委充分认识到，改革"动的是既得利益，不真刀真枪干是不行的"，对厂办大集体领导职数和管理岗位进行了大幅精简，选派工作干劲足、业务能力强的干部到实业总公司任职，与被取消行政职级的干部逐一单独谈话，引导其服从安排、支持改革。

经过一系列改革，西南铝厂办大集体逐渐走出了经营困境，一路劈波斩浪，迎来了"开门红"。2018年，实业总公司面对严峻的内外市场环境，全年实现营业收入6.8亿元，创历史新高。其中，外部市场收入同比增长18%，占比超过50%；铝家居、建材等深加工产品销售收入同比增长30%，正逐步成为企业新的经济增长点。2019年，西南铝将在整合改革取得成效的基础上，大力推进集体企业改革改制，使其真正成为产权清晰、面向市场、自负盈亏的独立法人实体和市场主体，职工得到妥善安置，合法权益得到切实维护，实现与主办企业的彻底分离。

三、经验与启示

西南铝通过"内强管理、外拓市场、民生为本、党建引领"，在全面深化改革的浪潮里，成功走出了一条从"等要靠"到"主动出击"，从"求生存"到"求发展"的转型之路。其探索与实践不仅值得其他国有企业学习和借鉴，而且对于当前深入推进厂办大集体企业改革具有重要启示。

（一）改革应精准施策、分类推进

厂办大集体的特殊性和复杂性决定了改革并不存在标准且统一适用的模式，必须结合企业实际，对改革的风险与收益进行综合权衡，对各阶段的任务目标进行策略性安排，制定切实可行的改革方案。根据目前的改革实践，对于已经停产歇业、资不抵债、扭亏无望的企业，一般采取清算关闭或依法破产的方式；对于少数具有一定市场竞争力、具备重组改制条件的企业，可引入社会资本进行公司制股份制改革。除上述两种情形以外，还有相当数量的集体企业处于勉强维持生存的状态，或者虽有一定发展潜力，但是直接改制难度较大。此类企业，可采取渐进式改革的策略，在发展中逐步解决历史遗留问题：第一步，在保持集体资产和集体职工身份的前提下，通过转变现有管控模式明确主办企业和集体企业的职责界面，赋予集体企业更多人事、财务、业务等方面的经营自主权；第二步，主办企业在战略和资源层面给予集体企业一定支持，帮助其完成角色转换和转型升级；第三步，待集体企业外部市场成熟，具备自我"造血"能力后进行改制，其中从事主业辅助服务类业务的企业可改制为主办企业的全资或控股企业，从事主业非（弱）关联类业务的企业可通过引入战略投资者、鼓励员工持股等方式改制为社会化企业。

（二）主办国有企业应承担改革主体责任

厂办大集体曾为国有企业发展和社会稳定作出了重要贡献，主办企业应本着对职工负责、对社会负责、对历史负责的态度，在集体企业重要人事安排、战略规划、党的建设等方面承担主体责任，积极稳妥地推进改革。概括来说，就是要为厂办大集体"配强班子、找准路子、扎紧笼子"。"配强班子"就是要选派有能力、有担当的干部到厂办大集体任职，完善选人用人机制，形成一支精干、高效的队伍；"找准路子"就是要帮助企业规划好发展战略和方向，发挥企业自身优势、拓宽发展空间；"扎紧笼子"就是要在改革中坚持和加强党的全面领导，加强督促指导，维护职工合法权益，防止国有资产流失。

（三）转型发展是厂办大集体改革的重中之重

虽然产权关系复杂、职工安置困难、改革资金缺乏是厂办大集体改革面临的三大难题，也是导致改革进度滞后的主要原因，但是改革的根本任务还是使企业具备独立生存和持续发展的能力。否则，即使支付补偿金实现了职工身份置换，形式上改为公司制，职工和企业也难以在市场中立足。因此，找到一条真正适合厂办大集体的转型发展之路是改革的重中之重。由于厂办大集体普遍技术比较落后、缺乏研发资金、员工素质不高，难以直接通过颠覆性技术创新实现转型升级，因此，目前大多数企业只能选择继续为主办企业提供辅助服务。西南铝的案例证明，价值创新即通过提供产品或服务的价值优势争取更多的客户群体，是一条适用于厂办大集体的有效转型路径。厂办大集体可以基于主办企业整体战略布局和自身资源条件，通过重新定义产品价值、增加产品或服务的功能属性、降低顾客成本等方式，开拓全新的蓝海市场，在支付较低成本的前提下实现差异化经营。

（四）推进厂办大集体改革的政策建议

西南铝的改革实践证明，只要有自我革新的勇气和务实创新的举措，厂办大集体完全可以通过改革成为真正的市场主体。同时，我们也必须认识到，厂办大集体改革不仅要充分发挥企业的主动性，还需要政府部门和社会力量的支持。

一是合理界定为前提。应根据成立时间、注册类型、兴办主体、承担使命等标准，准确界定"厂办大集体"的边界和范围。20世纪90年代至21世纪初是多种经营企业发展的黄金时期，在此期间成立的多种经营企业绝大多数都注册登记为集体所有制企业。虽然同为集体所有制企业，但并非所有的企业都是真正意义上的厂办大集体。例如，有的集体所有制企业的主办单位已不仅仅是国有企业，还有很大一部分的主办企业是集体企业自身，也有挂靠事业单位成立的集体企业，甚至还有一些来路不明的集体企业，其承担的历史使命更是与厂办大集体企业大相径庭。现阶段的首要工作是将现存数量较多的集体所有制企业"去伪存真"，这样做既有利于减少改革的工作量、阻力和成本，又有利于提高改革路径的针对性和有效性，从而真正将改革工作落到实处。

二是放宽期限做保障。厂办大集体改革是一项兼具政策性、复杂性和敏感性的系统性工程，涉及债权债务处理、职工安置、经济补偿金发放和社会保障等工作，很难一蹴而就。其中，如何结合机制转变、结构调整和市场需要，成为产权清晰、自负盈亏的法人实体和市场主体，向"专精特新优"发展，是厂办大集体改革的核心。因此，改革应周密部署、妥善安排、精心策划、做好防控，确保平稳推进。在改革过程中，切忌搞"一刀切"，应因企制宜、因地制宜，尤其对于正在按计划推进改革且已经取得明显成效的企业，可以适度给予一定宽限期，避免为完成任务"一关了之""一卖了之"，产生新的遗留问题。

三是资金支持夯基础。当前，制约厂办大集体改革最突出的问题仍是庞大的资金缺口，主要包括企业欠职工的工资、医疗保险、经济补偿金、税款以及其他债务。以西南铝为例，虽然已经通过努力将 2015 年时预估 1.9 亿元的改革资金缺口减少到 8000 多万元，但对企业来说，仍然是很大的资金压力。按照相关政策，差额部分所需资金应由主办企业、地方财政和中央财政共同承担。但在实践中，受地方政府与主办企业分担比例划分不清、地方财政吃紧、主办企业产能过剩等因素的影响，厂办大集体的补偿资金到位不及时，成为影响改革推进的一道难题。基于此，建议采用市场化手段拓宽资金来源渠道，积极鼓励、引导国有企业结构调整基金、"双百行动"发展基金等国有资本产业投资基金和股权投资基金参与改革，发挥其杠杆撬动作用和乘数效应，助推改革顺利进行。

四是政策引导把方向。在推进改革中，难免会涉及企业改制方案设计、资产债务处理、劳动关系处理等方面的事务，这些工作都离不开各项政策的支持。一方面，政府可对有能力、有希望进行改革的厂办大集体投入技术指导，为其寻找强有力的战略合作伙伴，先"扶上马"再"送一程"。另一方面，通过财政和税收政策加以引导、支持，如对于部分财政困难的省份可适当提高补贴比例，允许集体企业将改制中应缴纳的税金转增国有资本金，对于已完成改制且彻底解决历史遗留问题的企业在一定时间内减免企业所得税，从而降低企业改制成本，减轻企业负担。

第六章

打造国有经济"四类企业"的问题挑战与政策建议

经过对30余位中央企业领导人员和智库专家的深入访谈,我们系统梳理了中央企业在打造"四类企业"过程中所遇到的问题和挑战。基于这些访谈成果,并结合前文所提及的案例经验,提出了一系列具有针对性的政策建议。

第一节 打造国有经济"四类企业"面临的问题与挑战

虽然中央企业在积极打造"四类企业"方面取得显著成效,不仅有效提升了自身的竞争力、创新力、控制力、影响力、抗风险能力,还在很大程度上推动了产业转型升级和国民经济发展,但目前仍然面临着诸多问题与挑战。

第一,需强化理论支撑。"四类企业"这一概念提出的时间并不长,很多理论问题尚未明确,这导致企业在结合自身情况开展建设方面缺乏明确的方向。因此,需要加强理论研究,并借助高等院校、咨询机构等智库力量,更好地指导企业开展建设工作,推动相关工作健康有序开展。

第二,需明确"四类企业"培育范围。需进一步界定"四类企业"涵盖的行业领域和地域范围,确定相应的培育层级和目标，以便其能够明确各自的培育重点，发挥各自资源优势，有针对性地推进培育工作。

第三，需完善相关政策体系。目前，虽然提出了打造"四类企业"的总体目标，但监管部门尚未发布具体建设规划方案，导致企业在实际操作中缺乏明确的行动指南。同时，企业层面也面临着评价标准模糊、具体任务不清晰、执行力不足等问题，自发制定的行动规划既缺乏政策依据，也难以找到有效的实施抓手。因此，亟须构建和完善一套系统、清晰、具有可操作性的政策体系，为中央企业打造"四类企业"提供有力的政策保障和实施指导。

第四，需提升打造工作的实施路径。打造"四类企业"是一项涉及科技创新、知识产权、危机管理、品牌建设、投融资管理等众多领域的综合性、系统性任务。为了提升企业的操作能力和实施效率，建议监管部门借鉴世界一流企业的建设经验，明确打造"四类企业"的实施路径，从而避免企业在实践中走弯路、错路，确保工作顺利推进。

第五，需完善考核标准。当前，中央企业面临着"一利五率"的考核要求，并以"一利稳定增长，五率持续优化"为目标要求。然而，这种考核方式更多地关注当期表内财务指标，而打造"四类企业"不可避免地会影响当期财务数据。因此，必须进一步完善考核机制和标准，按照"一企一策、一业一策"做好分类考核，确保中央企业在追求经济效益的同时能够积极推动"四类企业"的打造工作。

第六，需与国企改革统筹推进。当前正值国企改革深化提升行动的关键时期，各项改革任务艰巨而繁重。为了实现改革与"四类企业"建设的有机结合和相互促进，必须深入探讨如何将两者较好地结合在一起，在联动中实现"1+1>2"的倍增效应。这既需要中央企业在改革过程中积极探索和实践新的发展模式及管理方式，也需要监管部门给予相应的政策支持和引导。

第七，需强化科研体系和体制机制改革。科技创新是引领行业发展、培育新业务、参与市场竞争的关键所在。为了打造具有全球竞争力的"四类企业"，必须鼓励中央企业加大科技创新投入力度，构建完善的科研体系和创新平台，创新科研人员激励机制和管理模式，优化科技创新企业的治理结构和管理方式，提升中央企业技术竞争力和创新能力。

第八，需加强资金扶持。打造"四类企业"需要大量的前期资金投入，用于支持企业研发创新和市场拓展等活动，单个央企往往难以承担这样的资金压力。因此，监管部门应加大对中央企业的扶持力度以减轻其资金压力，探索引导资金投入的方式和途径，激发企业积极性，从而推动"四类企业"的打造工作取得实效。

第九，需建立协作机制。目前，中央企业、央企子公司、地方国有企业等各自拥有独立的考核指标和利益诉求，这对业务协同协作提出了较大的挑战和要求。需研究建立并完善企业之间的良性协作机制，通过协同发力共同推进"四类企业"打造，提升整体效率和竞争力并实现共赢发展。

第十，需团结各方力量。中央企业作为打造"四类企业"的主力军和国家战略的"顶梁柱"，在推动过程中需要充分发挥政策号召力并团结一切合作力量，共同推进工作进展。协调配合好地方政府、行业力量等资源要素，通过更多措施引导社会资本与中央企业相结合，共同参与到"四类企业"的建设中，从而形成强大的合力效应，共同推动相关工作取得更加显著的成效和突破性进展。

第二节　政策支持的基本原则

在打造"四类企业"的过程中，不仅需要中央企业发挥主导作用，还需要各方面的大力支持。我们认为，相关政策支持应遵循以下原则。

第一，政治引领原则。坚持党的领导、加强党的建设是我国国有企业的光荣传统和独特优势，是国有企业的"根"和"魂"。"四类企业"要充分发挥国有企业党委（党组）把方向、管大局、保落实的领导作用，在完善公司治理中加强党的领导，推动党建工作与生产经营深度融合，把独特优势转化为发展优势。深入贯彻落实新时代党的组织路线，着力建设高素质专业化企业领导人员队伍，健全党管干部、党管人才的机制，全方位培养、引进、用好人才，创新加强企业基层党建工作，凝聚起高质量发展的磅礴伟力。

第二，部门协同原则。强化跨部门协同，形成政策合力。要建立跨部门的协调机构和工作机制，有效解决"四类企业"发展中的各类难题。通过整合现有政策资源，形成系统性、针对性的政策支持体系。要明确各项政策举措的责任分工，加强执行情况的跟踪和督促，确保各项措施落到实处、形成实效。建议由国务院国资委牵头制定相关政策指导意见，并适时上报中央办公厅、国务院办公厅，将其上升为国家层面的指导方针。

第三，系统观念原则。坚持系统观念，充分发挥各方能动性。牢固树立"大格局、一盘棋"的思想意识，按照上下贯通、内外联动的原则，充分发挥中央和地方积极性。要争取地方政府和国资监管机构的全力配合与支持，团结地方国有企业和其他所有制企业共同参与到"四类企业"的打造中。同时要注重借助行业协会的力量，利用其沟通、协调和服务职能，推动行业整体发展与进步。

第四，资金保障原则。要根据各中央企业打造"四类企业"的战略规划和实施步骤，安排相应的资金支持计划。在国有资本经营预算中增加对"四类企业"的资本金投入比例并确保所需资金及时足额到位。同时引导中央企业通过联合设立基金等方式拓宽融资渠道、降低融资成本，为"四类企业"建设提供稳定可靠的资金保障。

第五，深化改革原则。要坚定不移地贯彻落实国企改革深化提升行动方案，在坚持和完善中国特色现代企业制度的前提下，积极探索符合企业发展实际和市场经济规律的改革路径和方法论，只要是有利于增强企业活力、提高经营效率、提升核心竞争力的改革举措都应该大胆尝试、积极推进，在打造"四类企业"的过程中实现改革的不断深化和发展的持续推进。

第六，优化监管原则。优化监管模式，改革管控方式，对现行政策进行全面梳理和分析评估，适时调整优化对"四类企业"投资主业的限制条件，实施更加灵活的工资总额管理制度，为企业创造更加宽松的发展环境。同时，中央企业也要根据自身实际情况探索实施更为灵活的管控模式，以适应市场变化和业务发展需求。

第七，考核激励原则。坚持质量第一、效益优先，优化经营业绩考核实施方案。紧紧围绕"四类企业"的发展要求设定科学合理的考核指标和任务目标，并通过计算任务完成率等方式对企业进行客观公正的考核评价。对于超额完成基准任务的企业应给予相应的奖励和激励；对于因不可抗力或环境变化导致损失的企业以及主动进行战略调整的企业应及时调整考核要求，并给予必要的支持和帮助；对于创新性强、风险较高的企业在培育过程中出现的失误，可在考核中予以容错，鼓励企业大胆创新、积极探索。

第八，研以致用原则。打造"四类企业"是一项具有探索性和创新性的工作，需要不断完善和发展具有中国特色、中国风格、中国气派的国有经济学术体系、理论体系、话语体系。应进一步加大对相关研究的投入和支持力度，联合政府部门、科研机构、高等院校等多方力量，共同开展重大课题研究，不断总结提炼实践经验并进行理论创新，以高水平的研究成果引领和推动实践发展，为打造"四类企业"提供有力的理论指导和支持。

第九，交流合作原则。加强交流合作，积极推进学习培训。积极鼓励和引导中央企业之间开展多种形式的交流合作活动，相互学习借鉴先进经验和成功做法，共同提高打造"四类企业"的能力和水平。同时要重视智力引进工作，积极与国内外知名的咨询机构、管理机构等开展合作，就企业发展中遇到的现实问题和挑战进行有针对性的咨询和研讨，定期开展针对打造"四类企业"的专题学习和培训活动，提高领导干部对相关政策的理解和把握，增强推动企业发展的能力本领。

第十，示范带动原则。加强典型案例宣传，营造良好社会氛围。要通过开展优秀"四类企业"评选活动树立一批先进典型，并将企业成功实践案例汇编成册，供其他企业学习借鉴。同时要组织企业积极向社会宣传自身在打造"四类企业"过程中的经验做法和取得的成效，特别是突出展示"四类企业"对国家战略的支撑作用和履行的社会责任，充分利用各类媒体平台进行广泛宣传报道，提高社会对国资央企的认同感和支持度，为企业打造"四类企业"营造良好的社会环境和舆论氛围。

第三节　打造行业产业龙头企业的政策建议

行业产业龙头企业不仅是提升全球竞争力的关键，更是引领产业链协同、优化产业布局的重要抓手。要通过聚焦核心产业、强化金融支持、深化产业链合作、打造产业集群、激发企业家精神以及加强国际合作等多种方式，推动龙头企业迈向更高的发展阶段，引领中国企业在全球市场中崭露新姿。

第一，精心挑选具有潜力的行业产业。应优先选择那些产业链完善、覆盖面广泛、具有强大影响力的行业，特别是需要进一步提升国际竞争力且国资央企已具备良好基础的领域，如高端装备制造业、通信行业、建筑业、钢铁业等。通过大力培育这些行业的龙头企业，强化产业链上下游企业的协同合作，整合各方资源。锚定具有优势地位的产业链核心企业，不断扩大其影响力，支持其成为引领行业的龙头企业。

第二，拓宽龙头企业融资渠道。龙头企业作为打造优势行业产业的核心力量，其资金需求巨大，仅靠企业自身积累难以满足快速发展的需求，也难以在国际市场上取得显著地位。因此，需要通过多种方式注入资金以支持其发展。具体而言，一是上级企业或国务院国资委可以在资本金注入方面给予更多支持，为龙头企业打造多元化融资基础；二是探索建立国有企业行业产业龙头企业投资基金，通过集合投资的方式形成更大的投资合力；三是通过上级单位担保和关联企业互保等方式，可以增强龙头企业的融资能力；四是积极推动龙头企业主板上市，通过证券市场吸引社会资金支持其发展。

第三，鼓励龙头企业向产业链投资。以资本为纽带，加强龙头企业对产业链上其他企业的引领和控制作用。以往一些关键企业主要通过产品市场来带动相关企业协同发展，但这种协同关系相对脆弱，容易受到外部因素的冲击和破坏。借鉴美日等国的经验做法，可以发现这些国家的龙头企业通常以股权为纽带，通过广泛持有相关企业股权来加强对整个产业行业的控制力。因此，我们应指导龙头企业规范参股投资行为，严把产业链投资方向关，严格甄选合作对象，合理确定参股方式并完善决策机制，从而实现有效投资，更好地把控行业产业的发展方向。

第四，围绕龙头企业打造产业集群。龙头企业并不是孤立存在的，它可以对整条产业链和供应链形成有效控制，其中最核心的圈层就是围绕该企业形成的产业集群。这种集群效应有助于降低企业成本，发挥规模经济和范围经济效应，进而提升整个产业和企业的市场竞争力。同时，产业集群还是产品加工深度的体现和产业链的延伸，有助于推动产业结构调整和优化升级。因此，应充分发挥龙头企业当地政府的积极性，争取当地政府的支持，以国资央企为引领充分激发不同所有制企业的活力，共同围绕龙头企业打造高水平的产业集群。

第五，培育和弘扬企业家精神。企业家精神对于龙头企业自身的发展具有重大意义，同时对于引领产业、带动其他企业共同发展也具有重要作用。应将培育国有企业家队伍与培育龙头企业同步谋划，锻造一批具有爱国情怀、创新精神、诚信品质、社会责任感和国际视野的国有企业家队伍，领导龙头企业乃至整个行业产业的发展。同时还需要加强对企业家队伍建设的统筹规划，坚定信心，稳定预期，并为其提供坚实的支持。根据国有企业家的特点和工作属性等实际情况，实施灵活的管理考核和有效的监督机制。

第六，协同提升国际竞争力。通过有机整合国内优质企业和资源，协同开展海外业务，不仅可以带领更多国内企业安全高效地"走出去"，而且对于提升龙头企业的全球竞争力具有很大助力。因此，要支持龙头企业整合国内产业链上的优势资源，加强上下游企业间的业务联系，降低交易成本，签订联合实施"走出去"战略的协议，牵头解决人才技术和资金等方面的问题，积极帮助遇到风险和困难的企业渡过难关，带领产业链上的其他企业共同开展海外经营。

第四节 打造科技创新领军企业的政策建议

科技创新领军企业是提升产业技术创新水平，推动国家科技实力整体跃升的重要力量。要紧紧围绕国家战略需求，通过优化产业布局、整合研发资源、构建协同研发体系，充分发挥科技创新领军企业的引领带动作用，在全球科技竞争中占据有利地位。

第一，围绕国家战略需求，打造领军企业。遵循国家战略部署，着力优化领军企业的产业布局。针对芯片、5G、高端装备制造、新材料等关乎国家安全与国民经济命脉的关键核心技术领域，精心筛选或全新设立一批具备国际领先研发实力的中央企业（含子企业），并倾力将其打造成为行业领军企业。采取划拨、混合所有制改革、资本运作等多元化手段，汇聚创新要素，在人才团队、创新投入、研发设施等方面为领军企业提供坚实支撑。

第二，高效整合行业研发资源，强化协同创新。当前，科技创新领军企业面临的核心挑战之一是科技力量的碎片化与重复性，导致整体运行效率不尽如人意。为破解这一难题，应坚定支持领军企业巩固并提升其作为国家创新主体的地位，充分发挥主导作用。领军企业应通过股权合作、契约绑定等方式，深化与相关企业、高等院校、科研院所及国家重点实验室的协同关系，科学统筹并充实研发资源，共同攻克关键核心技术难关。在此过程中，应秉持科学统筹、优势互补、利益共享、风险共担的原则，充分发挥市场在资源配置中的决定性作用。

第三，构建敏捷协同的研发体系，激发创新活力。为适应快速变化的市场需求和技术趋势，应构建"大企业引领、小团队灵活"的组织架构。借助数字化技术力量，搭建协同研发平台，尤其是支持型"中台"系统，使科研项目能够实现高效贯穿整合。此外，还应积极探索构建开放的创新生态系统，通过交互式技术情报体系来搜集、发布和讨论技术前沿与趋势信息。借助"众包研发""挑战赛""创新社区"等新型研发模式，联结整个行业产业的力量，共同推动创新的蓬勃发展。

第四，引领产业技术标准与专利池运营，提升国际竞争力。

随着国际产业竞争日趋激烈,"技术专利化、专利标准化、标准许可化"的趋势愈发明显。联盟技术标准和相关专利池已成为决定整个产业国际竞争力的关键因素。为此,领军企业应勇担重任,带领行业抢占国际技术竞争的制高点。通过有效利用专利池这一战略工具,牵头制定产业技术标准,大力建设和运作相关专利池,并根据产业技术发展趋势持续改进和优化,迅速提升我国产业在技术创新和专利战中的协同作战能力。

第五,打造产业技术转化平台,加速创新成果落地。领军企业应致力于打造产业技术转化平台,实现创新成果的快速转化和应用。通过搭建商业化的成果转化平台,形成研发、转化和再投入的良性循环机制,以商业利益为纽带,有效统一行业产业企业的创新目标和行动方向。同时,领军企业还应积极开拓转化市场,将自身打造成为具有品牌效应的"转化公司",以公平合理的转化效益分配机制激励各类主体参与创新活动。通过风险投资、创新孵化、内部创业等多种手段推动行业产业研发成果多角度广泛商业化。

第六,大力加强企业品牌建设。品牌建设是提升企业核心竞争力和市场影响力的重要手段之一,对于领军企业而言更是如此。品牌不仅能为目标客户带来超越竞争对手的价值体验,同时也是一面旗帜,能够将产业链中的企业紧密团结在一起,共同推动创新发展。国务院国资委早在2014年就明确指出,中央企业要实现"做强做优、世界一流"的目标,就必须努力打造世界一流的品牌。2022年,进一步开展中央企业品牌引领专项行动,并作为加快建设世界一流企业的四个专项行动之一。因此,领军企业应找准品牌建设的切入点和着力点,结合自身特色探索出一条符合实际的品牌建设路径。通过综合设计、统筹谋划、形成合力,持之以恒地推进品牌建设工作,树立良好的企业形象并赢得广泛的市场认可与信赖。

第五节 打造"专精特新"冠军企业的政策建议

"专精特新"冠军企业不仅具备在基础工业领域实现突破的潜力,更是引领行业创新、提升国家竞争力的关键力量。要围绕基础工业升级,加强核心科技研发,深化机制体制改革,促进行业产业联盟建设,完善知识产权工作体系,整合政府部门政策支持,为"专精特新"冠军企业打造全方位的发展环境。

第一,将基础工业作为突破点。鉴于基础工业领域具有极强的通用性和共性,以及我国广阔的市场优势,此领域最有可能孕育出"专精特新"冠军企业。同时,培育掌握尖端技术,具备自主研发、持续创新和市场拓展能力的"专精特新"冠军企业,是解决我国基础工业薄弱问题的关键途径。因此,应聚焦于核心基础零部件、关键基础材料、先进基础工艺以及产业技术基础等"四基"领域,优先选择已获得专精特新"小巨人"称号的企业进行重点培育。

第二,深入开展核心科技研发。掌握核心科技是成为"专精特新"冠军企业的关键所在,这要求企业在关键产品和服务上具备自主可控的科技创新能力。因此,应推动企业优化技术发展路径,完善科技创新投入和管理体系,建立内外部技术协同工作机制,提升技术整合效率和战略定力,从而不断积累更强大的技术创新能力。相应地,上级单位对"专精特新"冠军企业的评估考核也应更加灵活,重点考察其创新能力和成长性。

第三,推进"科改示范行动"走深走实。"专精特新"冠军企业需要打破传统模式束缚,通过机制体制改革激发活力。应支持企业赋予创新团队更多自主权,激发员工创新活力。同时,深化市场化经营机制改革,探索实施更加灵活高效的工资总额管理方式，建立职务发明奖励制度和科技成果分享机制。通过灵活的管控模式，赋予企业更大的改革自主权。落实"三个区分开来"要求，建立健全容错纠错机制，为企业创造良好发展环境。

第四，积极参与行业产业联盟。"专精特新"冠军企业面临的最大威胁之一，就是首台套、首批次、首版次产品（简称"三首"产品）的示范应用不足。因此，推动产学研用深度融合的关键在于"用"，即将科技成果转化为实际应用。行业产业联盟具有强大的成员企业凝聚力，能组织稳定合作并推动企业的创新产品大规模应用。因此，企业应借助行业协会和相关政府部门的力量积极参与行业产业联盟，将产品推广至更多潜在用户，并根据客户需求进行产品迭代优化。

第五，加强知识产权工作体系建设。知识产权工作对于"专精特新"冠军企业的成长至关重要，然后由于这类企业一般规模相对较小，内部很少建立完备的知识产权工作体系。因此，上级单位应提供大力支持，例如，中央企业的专利导航、产业知识产权运营中心、技术与创新支持中心等应给予企业更多的关注和指导。帮助企业紧密结合自身发展需要，对接高质量发展需求，谋划实施知识产权工作，巩固和增强知识产权的创造、运用和管理能力。

第六，整合政府部门政策支持形成政策合力。当前，许多政府部门对企业科技创新都出台了支持政策，但由于各自为政，不少是"撒胡椒粉式"的面上支持，未能做到有的放矢、精准支持。"专精特新"冠军企业作为行业产业科技创新的先行者，需要集中更多政策帮扶。因此，中央企业应积极与各部门沟通，争取和整合财政部门的资金支持、科技部门的项目支持、发改部门的审批支持及税务部门的减免税支持等，以冠军企业为核心形成"一揽子"的政策支持合力，确立政策长效机制。

第六节　打造基础保障骨干企业的政策建议

基础保障骨干企业作为国家经济发展的中坚力量，承担着保障国家经济安全、加强国防建设、推动新型基础设施建设、促进绿色低碳发展以及防范金融债务风险等多重使命。要在国家政策的引领下，通过深化央地合作、优化资源配置、加强科技创新和风险管理，不断提升自身综合实力和核心竞争力，更好地履行社会责任，为实现经济高质量发展作出更大贡献。

第一，确保国家经济安全。党的二十大明确提出健全国家安全体系、增强维护国家安全能力，要求强化经济、重大基础设施、金融、网络、数据、生物、资源、核、太空、海洋等安全保障体系建设，这是基础保障骨干企业义不容辞的责任。为此，要推动骨干企业建立健全风险评估和应对体系，有效防范和化解各类经济安全风险，筑牢国家安全屏障。同时，还应在国家支持下积极增加物资储备，稳健推进储备基础设施建设，扩大物资储备量上限，并在条件成熟时收购海外资源资产，以增强国家的资源保障能力。

第二，加强军工企业建设。当前，世界正处于百年未有之大变局中，提高军队捍卫国家主权、安全、发展利益的战略能力显得尤为重要。而建设世界一流军队、提升现代化战略能力，离不开世界一流军工企业的有力支撑。央企军工集团作为国防重大项目和武器装备供应的主力军，必须努力打造成为世界一流企业。要推动各军工集团更加紧密合作，形成系统合力，为国家联合作战体系提供全面的武器装备支持。积极支持军贸业务发展，不断扩大国际市场份额，展现中国军工的实力和影响力。

第三，加快布局"新基建"。新基建已成为推动我国经济结构转型和动能转换的关键力量，对于稳固产业链、发展先进制造业具有举足轻重的作用。因此，应积极推动骨干企业在 5G 基站建设、特高压、工业互联网等"新基建"项目中发挥主导作用，加大投入力度，进一步巩固我国制造业在全球产业分工中的优势地位。同时，骨干企业还应充分利用"新基建"成果实现转型升级，推动自身实现高质量发展。

第四，坚持绿色低碳发展。在基础保障领域，能源、电力和矿产资源行业都是能耗大户，对推动能源清洁低碳安全高效利用，落实国家碳达峰、碳中和部署要求至关重要。因此，要加强对相关骨干企业的顶层设计和指导，把绿色低碳发展作为考核关键绩效指标。不仅要关注本企业的绿色低碳生产，还要加强各种资源的综合利用，降低碳排放，同时开展源头减碳、过程减碳及终端减碳相关技术创新，带动整个产业链供应链低碳发展，助力我国碳达峰、碳中和目标实现。

第五，严防金融债务风险。骨干企业作为国民经济的支柱，一旦发生金融债务风险，其影响将是系统性和全局性的。此前个别地方国企发生债务违约事件，已经为我们敲响了警钟。因此，必须对骨干企业的金融债务风险保持高度警惕，采取更加严格的防控措施。要坚持将防风险作为企业经营发展的底线，建立健全有效的监督制度和工作体系，坚持"一利五率"目标，以确保企业的稳健运营和国家的经济安全。

第六，深入开展央地合作。骨干企业的业务体系遍布全国，与地方企业的合作具有广阔空间和巨大潜力。通过充分发挥央地各方的优势，深化协同融合，实现资源共享、优势互补、互利共赢。当前，多地已经出台优惠政策，为央地合作提供了良好的环境和条件。要在此基础上深化合作，进一步推动骨干企业与地方加强规划对接、项目建设等方面的务实合作，推动合作项目尽快落地并取得阶段性成果，以实现央地协同发展。

REFERENCE

参考文献

[1] 陈春明,金大伟.我国创新型企业发展对策研究[J].学习与探索,2006(5):195-197.

[2] 郝鹏.充分发挥国有经济战略支撑作用[N].学习时报,2021-03-10(1).

[3] 郝鹏.新时代国有企业改革发展和党的建设的科学指南[J].国有资产管理,2022(8):4-8.

[4] 西蒙.隐形冠军:未来全球化的先锋[M].张帆,吴君,刘惠宇,等译.北京:机械工业出版社,2015.

[5] 胡凤雏,王凤仁.谈谈如何创建技术创新型企业[J].质量与可靠性,2003(5):1-3.

[6] 刘国岩,池仁勇.创新型大企业的自组织机理研究[J].科技管理研究,2009,29(10):380-381,376.

[7] 汪永飞,陈留平,陈爱民.创新型企业的评价指标体系及其评价模型[J].统计与决策,2007(9):81-82.

[8] 熊彼特.经济发展理论[M].邹建平,译.北京:中国画报出版社,2012.

[9] 杨华清.沈阳机床破产重整案例研究[D].广州:华南理工大学,2022.

[10] 张良.创新型企业发展的成功经验及其启示[J].华东理工大学学报(社会科学版),2000(3):33-40.

[11] 张文魁.世界一流企业的八个特征[J].港口经济,2012(2):26.

[12] 张欣,梁丹,崔丽.基于西南铝的实践,我们对国企厂办大集体改革有些思考与建议[J].国企,2019(19):38-41.

[13] 张欣.深入推进央地重组整合 加快构建国有经济"一盘棋"新格局[J].国有资产管理,2023(8):27-30.

[14] 张玉卓.推动国有企业在建设现代化产业体系、构建新发展格局中发挥更大作

用[J].现代国企研究,2023(10):6-8.

[15] 张玉卓.为全面建设社会主义现代化国家开好局起好步作出国资央企更大贡献[J].国资报告,2023(3):7-11.

[16] 张玉卓.在推进中国式现代化建设中谱写国资央企新篇章[J].国资报告,2023(8):8-11.

[17] 赵金楼,刘国岩.创新型大企业的内涵、模型与开放式创新[J].科技管理研究,2008(4):219-220,223.

[18] 中国国新控股有限责任公司编委会.国有资本运营研究报告:中国国新的试点阶段性总结[M].北京:文化发展出版社,2020.

[19] COLLIS D J. Research note: how valuable are organizational capabilities? [J]. Strategic management journal,1995,15:143-152.

[20] DRUCKER P F. Innovation and entrepreneurship [M]. New York: Harper & Row,1985.

[21] PETERS T J,WATERMAN R H. In search of excellence: lessons from America's best-run companies[M]. New York: Harper & Row,1982.

[22] PORTER M E. Competitive advantage: creating and sustaining superior performance [M]. New York: Free Press,1985.